JN291581

目次

2 富山県出身力士 103年ぶりの快挙
令和最初の場所　朝乃山初優勝

6 夏場所 14日目・千秋楽 番記者 密着ドキュメント

10 朝乃山 激闘の15日間 前へ前へ 栄冠つかむ
（全取組のハイライトと2019年夏場所星取表）

40 表彰式できっぱり「看板力士めざす」

42 郷土の名横綱に続け 幕内優勝は太刀山以来

44 初優勝までの軌跡

51 朝乃山インタビュー
2度目の敢闘賞
「次は真価が問われる場所になる」

59 朝乃山インタビュー
幕内新鋭
「目立ちすぎ。やらかしてしまった」

67 富山から20年ぶりに関取

71 歓喜に沸くふるさと

73 “富山の人間山脈” 朝乃山を大解剖!!

74 朝乃山ヒストリー 富山の星輝く

78 関取の横顔 実はお茶目でサービス精神旺盛

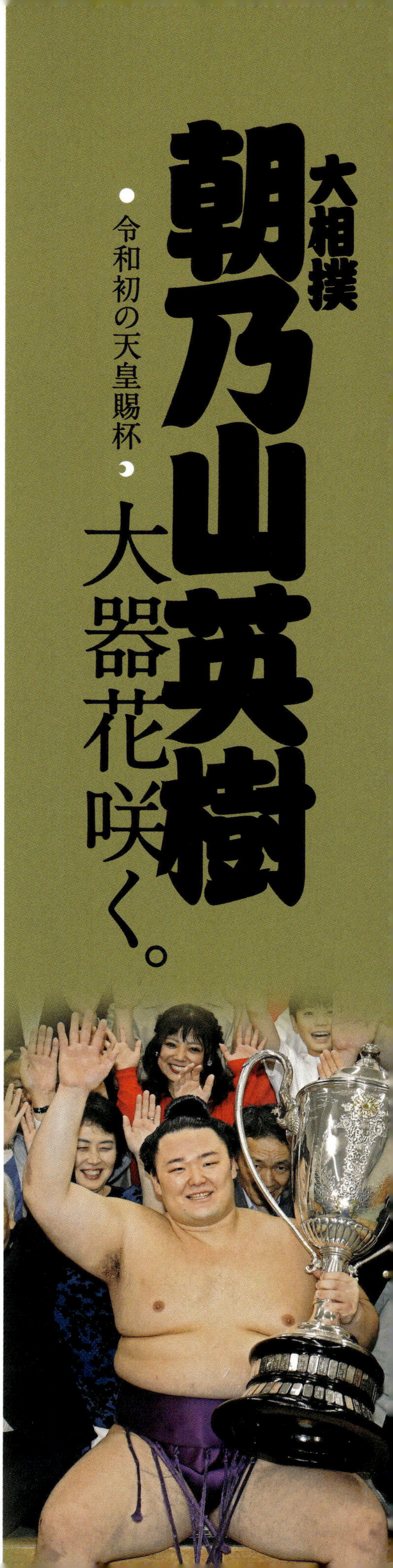

写真：平幕で初優勝を果たし賜杯を手にバンザイする朝乃山＝東京・両国国技館

北日本新聞社

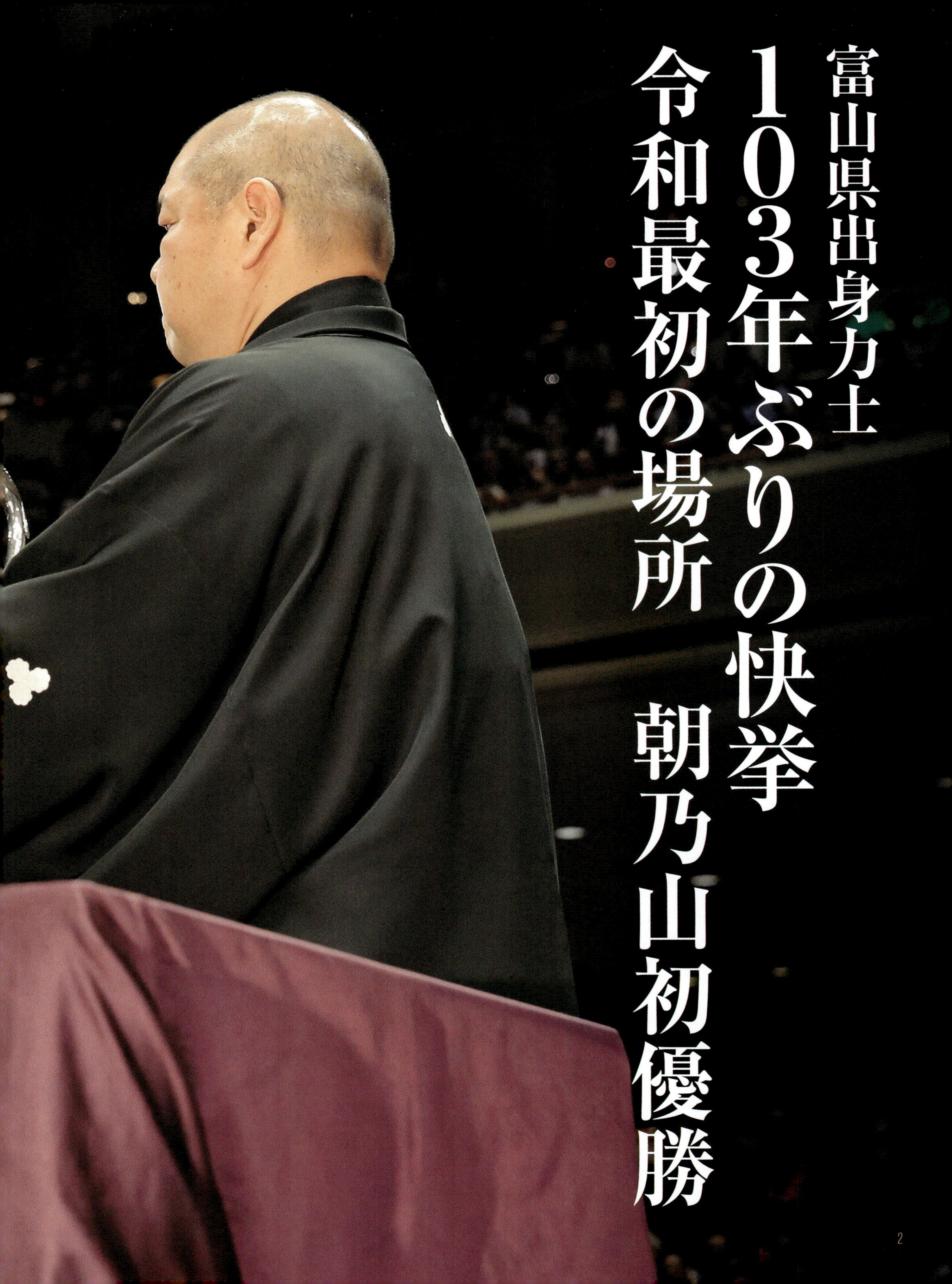

富山県出身力士
103年ぶりの快挙
令和最初の場所　朝乃山初優勝

平幕で初優勝し、日本相撲協会の八角理事長（右）から令和初の賜杯を受け取る朝乃山＝2019年5月26日、東京・両国国技館

大相撲夏場所（東京・両国国技館）のクライマックスは5月25日の14日目に訪れた。11勝2敗で単独トップだった平幕の朝乃山は大関豪栄道《ごうえいどう》を力強い攻めで破り、土俵下で結びの一番を見守った。3敗の一人横綱鶴竜《かくりゅう》が、大関復帰への執念をみせた関脇栃ノ心《とちのしん》に敗れた瞬間、初優勝が決まった。前日、朝乃山に物言いがつく微妙な一番で敗れていた元大関が援護してくれた劇的な結末となった。富山県出身力士の優勝は第22代横綱、太刀山《たちやま》以来103年ぶりの快挙。しかも千秋楽に観戦していたトランプ米大統領から初の米国大統領杯を贈られ、歴史に名を刻んだ。25歳の若武者にとって太刀山は出身地、富山市呉羽地区の大先輩で〝レジェンド〟といえる存在。「少しでも近づきたい」と、今後も優勝を重ねる決意だ。大横綱を追い、今後も精進して相撲道を歩む。

北崎裕一（東京支社編集部長）

優勝を決めた14日目、化粧廻しをつけて土俵入りする朝乃山（右から3人目）＝5月25日、両国国技館

新時代が幕開けした5月1日。朝乃山は両国国技館で、紋付きはかま姿の関取衆による「令和」の人文字作りに参加していた。人文字の列では隣に新大関の貴景勝《たかけいしょう》がいた。朝乃山より3歳若い22歳が夏場所で注目を集めるとみられていた。

西前頭8枚目の朝乃山は「まず2桁勝利で3枚目以内に上がりたい。新時代に飛躍し、元年のうちに三役になる」と目標を掲げていた。新天皇が即位した歴史の節目だったため「もし天覧相撲があれば」と尋ねると「目の前で取れれば勝ちたい。まずは四股名を知ってもらわないと」と語った。前頭中位では、天皇陛下が観覧される時間帯に土俵に上がれるとは限らないとの思いだった。

夏場所は5月12日に熱戦の火ぶたが切られた。主役の座は初日からほぼ完璧な取り口で5連勝した朝乃山、鶴竜、栃ノ心らが争った。史上1位の42回の優勝を誇る横綱白鵬《はくほう》は初日から休場。貴景勝は故障で5日目から休場し、再出場したがまた休場した。

朝乃山は6日目に阿武咲《おうのしょう》に敗れたが、その後も5連勝と快進撃を続け、11日目に単独首位に立った。12日目は玉鷲《たまわし》に敗れ、鶴竜に並ばれた。白星を挙げた13日目に鶴竜が敗れたため再び単独トップになり、翌日は一気に優勝を手中にした。

千秋楽は日本相撲協会の八角信芳理事長から賜杯が贈られた。内閣総理大臣杯は安倍晋三首相から授与さ

写真上　「令和」の人文字をつくり、新大関貴景勝関（手前）らと並ぶ笑顔の朝乃山関（中央）＝5月1日、両国国技館
写真下　新元号のスタートに合わせ、関取69人が集合してつくられた「令和」の人文字

朝乃山（右から2人目）は、この夏場所で初の殊勲賞と3度目の敢闘賞に輝いた

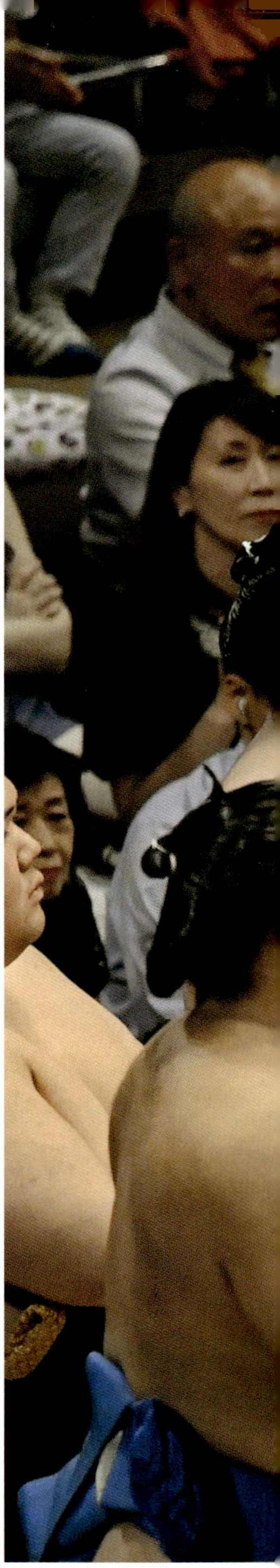

れた。12勝は自己最多で、初の殊勲賞、3度目の敢闘賞も獲得。名古屋場所での新三役昇進は濃厚になった。

角界入りしてからの道のりは3年余りだ。大相撲には相撲取りが約700人いる。近畿大出身の朝乃山は2016年春場所に、本名の石橋で三段目最下位格付け出しでデビュー。学生時代からのライバル、小柳（現・豊山）に黒星を喫したほろ苦い土俵から始まった。

ほぼ順調に白星を重ねる場所が続いた。200人がしのぎを削る三段目、120人がいる幕下を突破し、関取になっただけでも超難関をクリアしたといえる。大銀杏《おおいちょう》を結えないままスピード出世し、17年秋場所には新入幕を果たした。

最高峰の幕内42人の頂点に立つのがいかに難しいかは、大関高安が未経験であることからも分かる。

大相撲は故郷との結び付きが強い。朝乃山英樹の「山」は「富山」「立山」などにちなんで付けた。17年1月に幕下優勝、十両昇進確定を見届けてくれて病死した富山商業高校時代の恩師、故浦山英樹さんからは「山英樹」の3文字をもらった。

化粧まわしには、浦山さんの氏名が入った闘虎や、出世魚のブリ、立山連峰などのデザインがある。取組の際には「富山県富山市出身」と場内にアナウンスされる。今後、県民らの声援は一層大きくなるだろう。

朝乃山が所属する高砂部屋は富山とゆかりが深い。相撲界の知識が豊富なマネジャーの松田哲博さん（元・一ノ矢）が、大正時代に小結を務めた射水《いみず》川《がわ》（高岡市出身）が引退後に若松部屋を興したのが現在の部屋のルーツになっていると教えてくれた。

高砂親方（元大関朝潮）は日本相撲協会の定年の65歳まであと1年半。朝乃山は近畿大の先輩でもある師匠から直接指導を受けられる間に、あと何度、美酒を味わい、地位を上げられるのか。今後の土俵からも目が離せない。

千秋楽の5月26日、朝稽古でしこを踏む朝乃山＝東京・墨田区、高砂部屋

夏場所 14日目・千秋楽

番記者 密着ドキュメント

大相撲夏場所で優勝を決めた14日目と優勝して迎えた千秋楽の2日間。朝から夜まで密着取材し、喜怒哀楽の表情が見えた場面などを、朝乃山の言葉と共に振り返る。

石黒航大（編集局社会部）

5月25日午前8時30分　朝稽古ですり足をする＝東京・高砂部屋

25日午後2時29分　大勢の相撲ファンの歓声を受けながら会場入りする＝東京・両国国技館

25日午後6時35分　高砂部屋に到着。高砂親方（右）の隣でタイを持ち上げる

5月25日（土）14日目

「緊張張り詰めた一日」

午前8時30分
高砂部屋の稽古場へ登場。四股やすり足などで入念に体を動かす。張り詰めた空気が漂う中、最後は「黙想」と声を掛けて他の力士と一緒に朝稽古を終えた。

9時10分
約20人の報道陣に対応。前日、行司軍配差し違えで勝利した栃ノ心戦の結果を気にし、少し落ち込んだ様子。それでも気持ちを切り替え「きょうはぱっとした勝ち方をしたい」。

午後2時29分
付き人と共にタクシーで国技館入り。鮮やかな緑色の浴衣を着て降車すると会場近くで待ち構えたファンから激励の声が飛んだ。

3時48分
土俵入り。「朝乃山」としこ名が呼ばれると三役力士よりも大きな拍手が会場に響いた。

5時9分
まげを結い、まわしを締め終え、体を動かし始める。立ち合いの出足の形を繰り返した。取組が近づくにつれ表情は険しくなり、汗を拭き水を飲む回数が多くなる。

5時47分
豪栄道に勝利。「先に上手が取られたんで、じっくり攻めようと思った。左上手取ったんで、すぐに自分の相撲を取ろうと思ったんで、無意識で走りました」。勝ち残りで土俵下に座り、荒くなった息を整えながら結びの一番を見守る。

5時55分
鶴竜が敗れて初優勝が決まる。快挙にも表情を変えることはなく、花道を引き揚げた。

6時
床山に髪を整えてもらいながら報道陣に対応。「今日勝ったことが良かったんで、優勝したとか、ちょっと、分からないです」。淡々とした受け答えながらも、言葉の端々に充実感を漂わせた。

6時35分
高砂部屋に到着。拍手で迎えられるとようやく表情が和らぎ、高砂親方の隣で笑顔でタイを持ち上げる。「重たいな」

5月26日（日）千秋楽

「喜びと忙しさの一日」

午前8時30分
前日と同時刻に高砂部屋の稽古場に登場。軽く体を動かしたほか、力士と笑顔で会話し、和やかな雰囲気。部屋には祝いの花やたる酒が届いていた。

9時5分
稽古が終わり、富山から訪れた母校・富山商業高校相撲部の先輩らから祝福を受けた。「（優勝は）やばくないですか。やばいですよね」

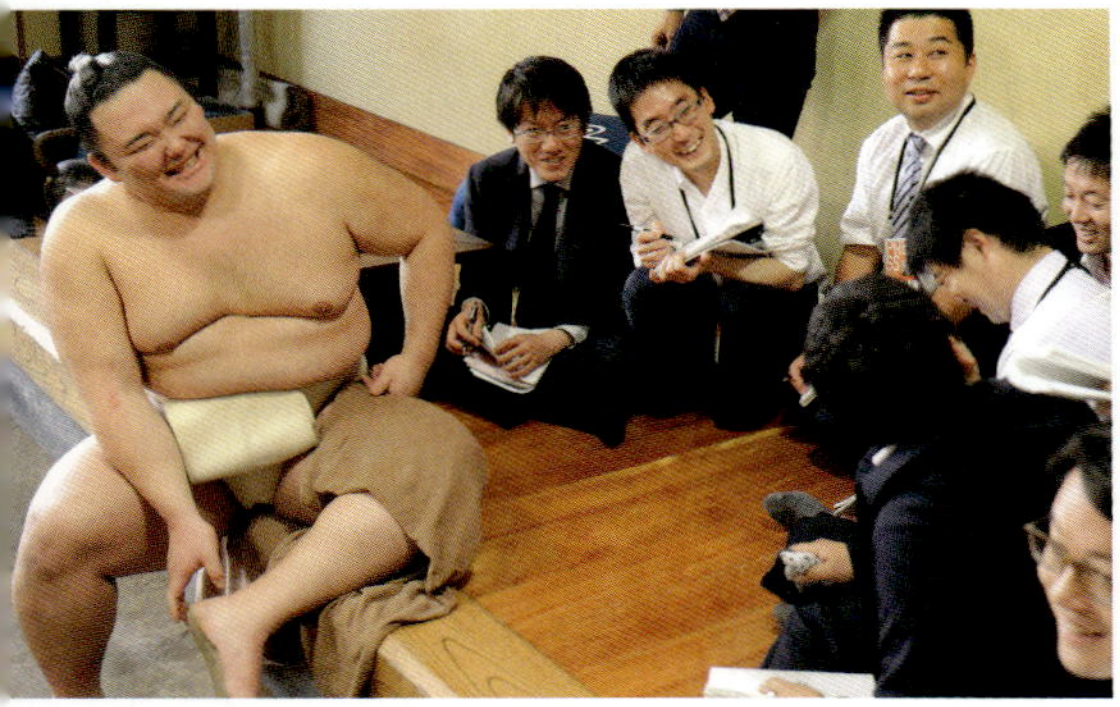

26日午前9時7分　朝稽古の後、報道陣の質問に笑顔で答える＝高砂部屋

25日午後7時14分　観戦に訪れていた両親らとタクシーに乗り込み食事会へ

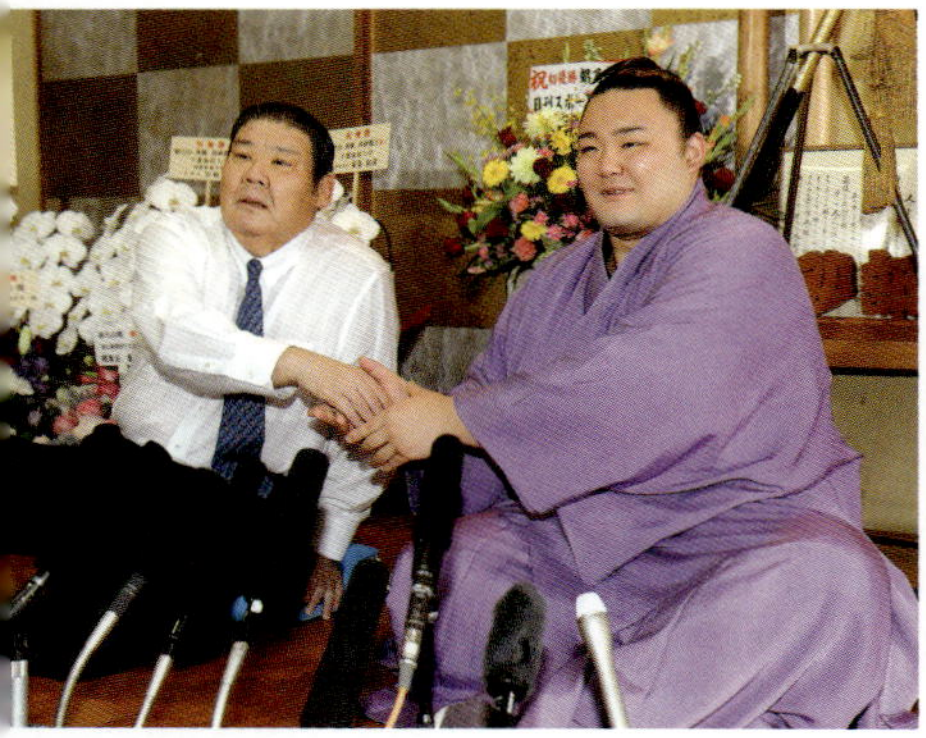

千秋楽から一夜明けた27日、記者会見で優勝までの道のりを高砂親方（左）と振り返る

26日午後7時20分　高砂部屋のパーティーで支援者の拍手を受ける朝乃山＝東京·第一ホテル両国

9時7分
報道陣約20人から約40分質問を受ける。「実感はまだあまりない。300件お祝いの連絡が来た。富山の盛り上がりは自分の目で確かめたい」。取材後、自身の優勝を報じる新聞に目を通した。

10時53分
恩師の故浦山英樹さんの父、松男さんと、朝乃山富山後援会理事長の青木仁さんが部屋を訪れ、祝福を受ける。「(盛り上がりに)少し疲れましたね」

午後1時21分
国技館に到着。14日目と同じ緑色の浴衣を着てファンの前を通り「おめでとー」と声が飛び交った。表情はほとんど崩さなかったが、高まる人気に一瞬笑みを浮かべた。

3時8分
幕内土俵入り。しこ名が呼ばれるとひときわ大きい祝福の拍手が上がった。支度部屋では付き人らと笑顔で話し、終始穏やかな様子で過ごした。

4時56分
呼び出しを待つ中、安倍首相とトランプ大統領が登場する。「長いなと思った」

5時2分
御嶽海に敗れ、場所を12勝3敗で終える。「最後は勝って締めたかった。トランプ杯をもらう立場として目の前で勝てなくて残念」

5時7分
いつも浴びるシャワーを省き、髪を直しながら報道陣の取材に応える。「時間ないでしょ。来場所は上位で戦う。『先場所はまぐれだったな』と自分で思わないような来場所にしたい」。支度部屋を出て緊張の表情で表彰式を待つ。

5時36分
表彰式が開始。賜杯や内閣総理大臣杯、米国大統領杯などを受け取る。「(トランプ大統領との)握手は予想していなかったのでびっくりした。撃たれないか心配した」

5時47分
優勝インタビューに答える。「三役、その上を目指し、看板力士になれるよう頑張ります」

6時50分
優勝パレードで両国国技館を出発。笑顔で手を振る。高砂部屋に寄り、200人超のファンに出迎えられた。

7時20分
部屋の千秋楽パーティーが開かれる第一ホテル両国に到着し、大杯を口にする。後援者ら約300人と喜びを分かち合う。「すごい数の人だ」

9時50分
NHKのスポーツ番組に出演する。

▽27日午前に開かれた記者会見も取材した。強く語ったのは、体調管理に失敗し終盤に5連敗した3月の春場所の悔しさ。「あの悔しさがあったから今場所の優勝がある」

5月26日　午後7時30分　祝勝会で大杯を手に
笑顔を見せる朝乃山（中央）＝東京の第一ホテル両国

朝乃山
激闘の15日間

前へ前へ　栄冠つかむ

大相撲夏場所で初優勝を果たした朝乃山。15日間の激闘を、取組と対戦後の朝乃山自身の感想で振り返り、栄冠への軌跡をたどった。

初日

朝乃山（西前頭8枚目）○寄り切り● **魁《かい》聖《せい》**（東前頭8枚目）

巨漢に快勝　令和発進

幕内2番目に体重が重い204キロが相手。立ち合いで左前みつを引いた。右をのぞかせ、腕《かいな》を返して上手を取らせない。右からすくうように体を入れ替えようとした相手の反撃を許さず一気に勝負を決めた。

「止まったら負け。思い通りの相撲が取れた」

朝乃山（左）が一気の寄り切りで
魁聖を破る＝両国国技館

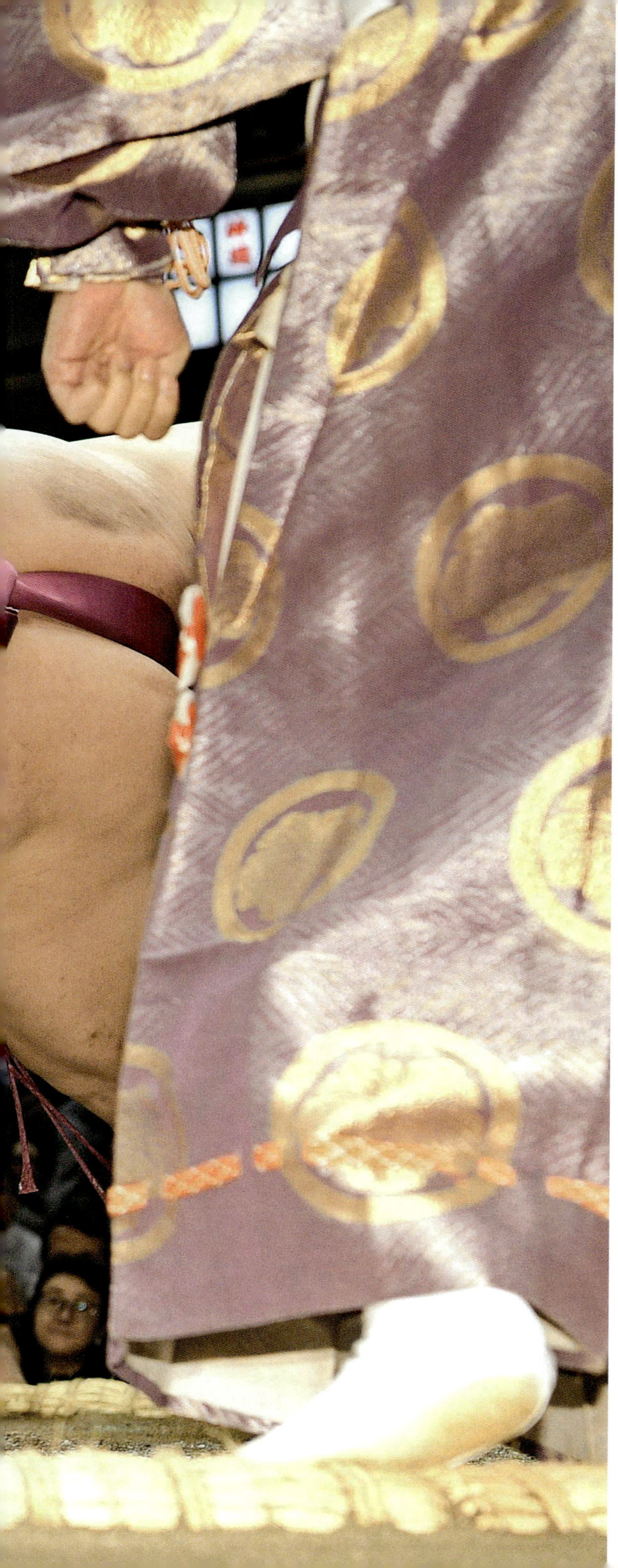

2日目

朝乃山 ○上手投げ● 友《とも》風《かぜ》（西前頭9枚目）

豪快に180キロ転がす

立ち合いに踏み込んで右を深く差した。おっつけられたが、得意の左上手を引くと、すかさず土俵中央で体重180キロの相手を豪快に転がした。先場所敗れた相手に同じ決まり手でお返しした。

「しっかり食い止め、思いっ切りいけた。投げは自然に出た」

朝乃山（左）が土俵中央で上手投げを決め、友風を破る＝両国国技館

朝乃山（右）がもろ差しで攻め、
明生を寄り切る＝両国国技館

3日目

朝乃山 ○寄り切り● 明《めい》生《せい》（西前頭7枚目）

突っ張り交え速攻

立ち合いは相手と互角の踏み込みで、右からかち上げて弾き返した。右を差し、両手で突き放して、相手を良く見ながら、最後はもろ差しになって攻め勝った。

「（明生は）相撲界では兄弟子。土俵では年齢は関係ない。まだ3日目。分からない」

写真：日刊スポーツ／アフロ

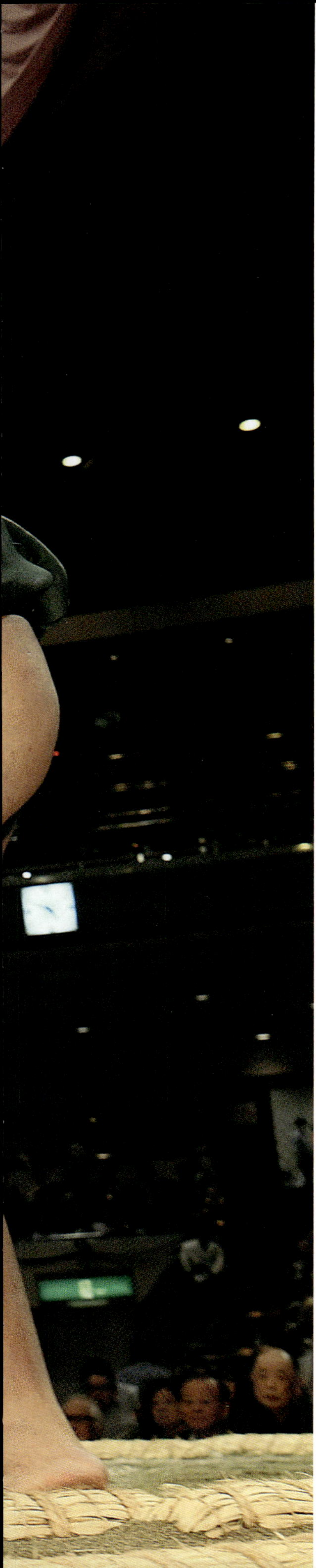

4日目

朝乃山 ○ 寄り切り ● 錦《にしき》木《ぎ》（東前頭9枚目）

体勢万全　攻め切る

過去は5勝1敗と相性が良いけんか四つの相手。立ち合いに右を差し勝って、左上手をすばやく取り、休まずに攻め込んで4連勝を果たした。

「自分の形になれた。体が反応していてくれる」

朝乃山（左）が立ち会いに差し勝ち、
錦木を寄り切る＝両国国技館

朝乃山が（右）が豪快なすくい投げで輝を破る＝両国国技館

5日目

朝乃山○すくい投げ●輝《かがやき》（東前頭10枚目）

豪快投げで無傷5連勝

前に出ながら豪快に投げを決め、快勝した。立ち合いに踏み込み、得意の右を差したが、左上手は取れなかった。相手に上手を許したが、左から強烈におっつけながら前に出て、タイミングの良い投げを決めた。

「前に出ているから投げが決まった。場所はまだ長い。今場所は酒を飲みに外出しないことにしている」

体硬く初黒星　連勝5で止まる

立ち合いで相手の右喉輪で上体がのけ反り、まわしを引けずにあっさりと押し出された。初日からの連勝は5で止まった。

「ちょっと緊張していたかもしれない。体が硬くなって動かなかった」

6日目

朝乃山 ● 押し出し ○ 阿武咲《おうのしょう》（西前頭10枚目）

朝乃山（右）はまわしが引けず、押し出しで阿武咲に破れる＝両国国技館

7日目

朝乃山 ○ 押し出し ● 嘉《よし》風《かぜ》（西前頭6枚目）

休まず前進　1敗守る

力強い取り口で連敗を免れた。鋭く当たって右をねじ込み、休まず前進。追い詰めた土俵際でも右喉輪を突き付けて押し出した。

「前に前に攻められた。足も自然と出た。がちがちになるから（1敗を守ったことを）言わないでください」

朝乃山（右）は休まず前に出て、押し出しで嘉風を破る ＝両国国技館

8日目

朝乃山 ○ 突き出し ● 宝《たから》富《ふ》士《じ》（東前頭6枚目）

突きで快勝トップ並走

力強い取り口で勝利を挙げた。しっかり当たり、けんか四つの相手に差し勝って右差し。回り込んだところを追撃し、一気に突き出した。

「前に前に攻めようと思った。自然体で足が出ている。一日一番、自信を持って平常心で取る」

朝乃山（左）が右を差し、力強く突き出して宝富士を破る＝両国国技館

9日目

朝乃山 ○寄り倒し● 竜《りゅう》電《でん》（西前頭5枚目）

勝ち越し 令和一番乗り

早々と勝ち越しを決め、賜杯レースのトップを維持した。立ち合いは珍しく頭から当たった。その後は得意の右を差し、上手は取れずに、いなして相手がこらえたところ、両手で突き放した。最後は再び右をのぞかせて一気に攻め立てた。

「右を差して走ったのが良かった。（11勝した名古屋場所の時よりも体が動いている」

朝乃山（左）が一気に攻め立てて、
竜電を寄り倒す＝両国国技館

10日目

朝乃山 ○寄り切り● 正《しょう》代《だい》（東前頭7枚目）

速攻で9勝 首位守る

立ち合いに踏み込み、左上手を狙ったがつかめず、突っ張りに切り替えて攻め込んだ。腰を落として下から突き上げ、最後は倒れ込むように寄った。

「体はよく動いている。一日一番、自分の相撲を取り切りたい。勝つ姿をお客さんに見てもらうのも一つの仕事」

正代（右）を攻める朝乃山。腰を落とし、
寄り切りで破る＝両国国技館

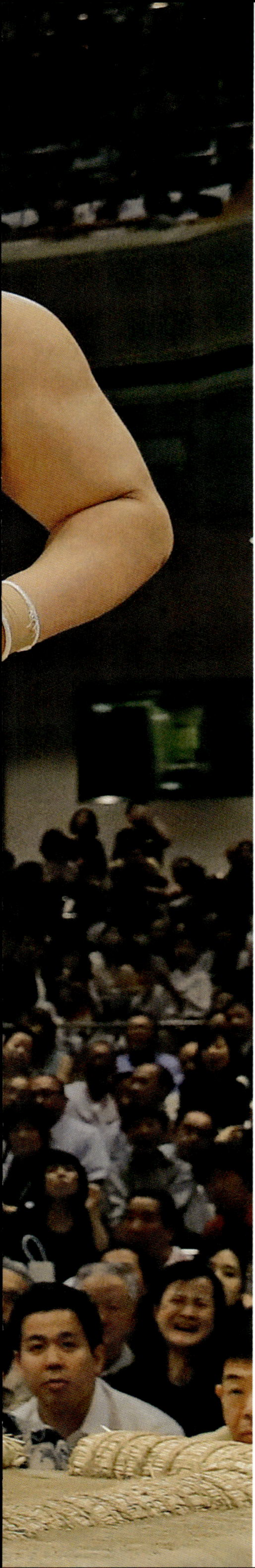

11日目

朝乃山 ○ 寄り切り ● 佐田《さだ》の海《うみ》（西前頭13枚目）

初賜杯へ「電車道」

立ち合いに踏み込んでからかち上げ、右を差した。左上手は届かなかったが、抱え込んでおっつけ「電車道」の速攻をみせた。物言いがついたが、相手の左足かかとの方が早く土俵外に出ていたと判定された。

「（12日目の玉鷲《たまわし》戦について）一つの壁となるが、相手のことは考えず、自分の相撲を取る」

朝乃山（左）が「電車道」の速攻をみせ、
佐田の海を破る＝両国国技館

12日目

朝乃山●押し出し○玉《たま》鷲《わし》（西前頭3枚目）

初の賜杯へ正念場

立ち合いは得意の右差しを狙ったが、右から強烈な突きを食らい、一気に押し込まれ、土俵を割った。結びの一番で勝った横綱の鶴竜に並ばれ、10勝2敗の2人で優勝争いを引っ張る展開となった。

「思い切っていけた。悔いはない」

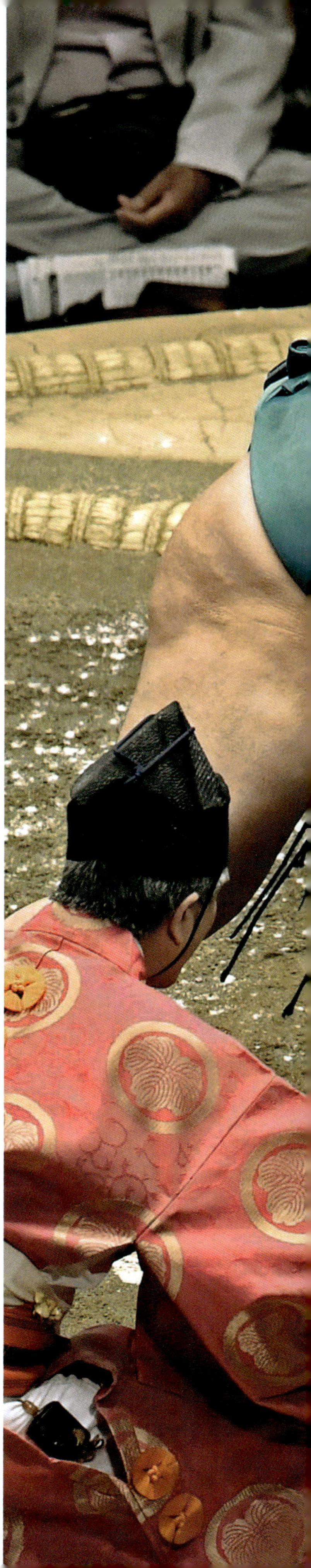

玉鷲（左）に強烈な突きを食らい、押し出しで敗れた朝乃山 ＝両国国技館

再び単独トップ

頭から当たり、右を差し、左上手を引いて一気に走った。右からすくわれ、土俵際で突き落としを食らったかに見えたが、物言いがつく。6分余りの協議の結果、相手の右かかとが先に出ていたとの判定になった。横綱鶴《かく》竜《りゅう》が敗れたため、再び単独トップに立った。

「何も思わない。気持ちはいつも通り」

13日目

朝乃山 ○寄り切り● 栃《とち》ノ《の》心《しん》（西関脇）

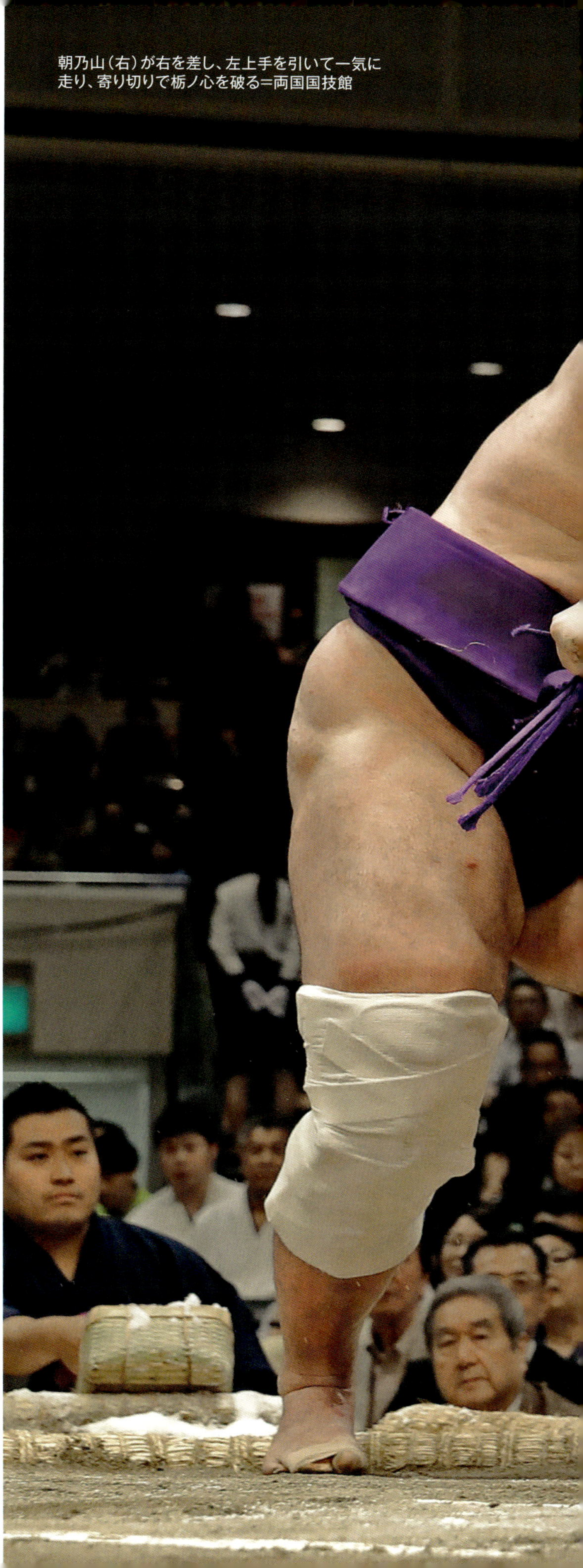

朝乃山（右）が右を差し、左上手を引いて一気に走り、寄り切りで栃ノ心を破る＝両国国技館

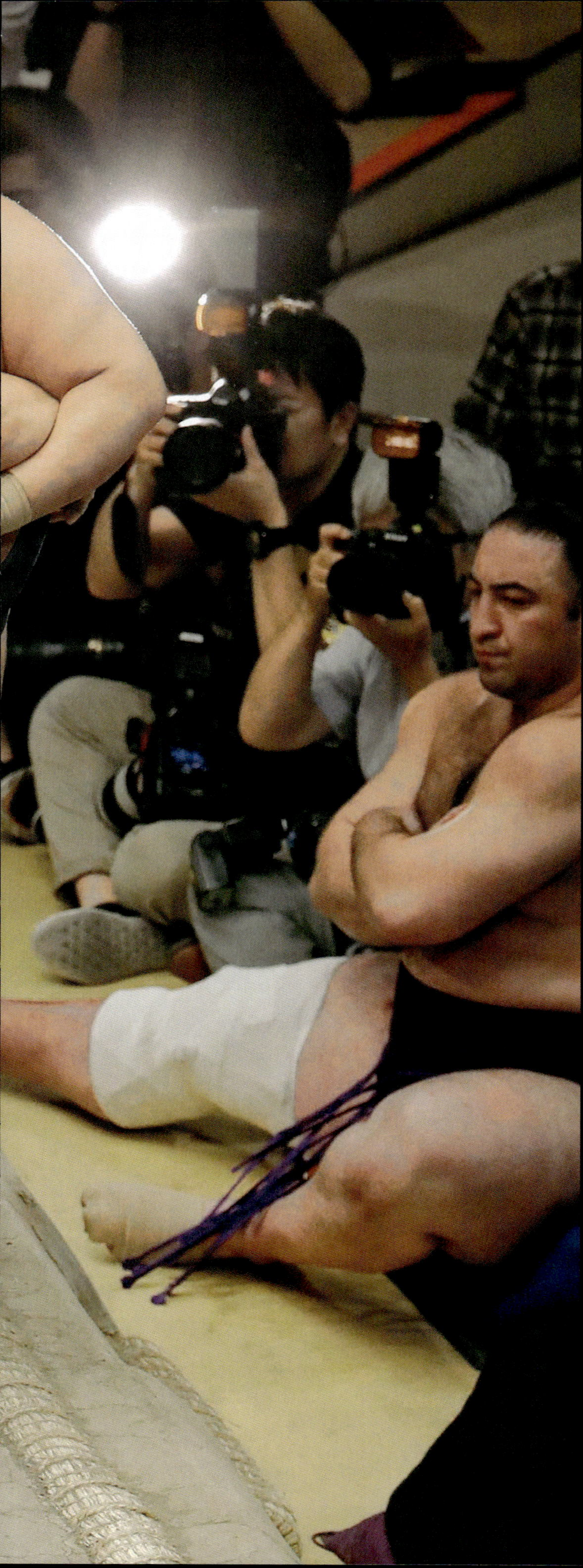

14日目
朝乃山 ○ 寄り切り ● 豪栄道《ごうえいどう》（東大関）

初優勝果たす

14日目　優勝決定

左から強烈におっつけて前に出て上手を取った。左四つでがっぷり組んで相手を土俵際に押し込み、寄り切った。結びの一番で鶴竜が敗れ、令和最初の本場所を制した。平幕力士の優勝は昨年初場所の栃ノ心以来。

「もっと上、もっと先がある。この結果に満足せず、それを目指して頑張っていきたい」

豪栄道（右）を攻める朝乃山。右四つに組んで土俵際に押し込み、寄り切りで破った＝両国国技館

御嶽海（左）の強い突き、押しに
後退する朝乃山 ＝両国国技館

千秋楽

朝乃山●寄り切り○御嶽海《みたけうみ》（西小結）

殊勲・敢闘賞も獲得

まわしが引けなかった。立ち合いで狙った左上手をつかめず、相手の突き、押しに後退。右四つにはなったが、寄りに屈し、夏場所を12勝3敗で終えた。初優勝とともに初の殊勲賞と3度目の敢闘賞に輝いた。

「優勝がまぐれだと言われないようにしないと。来場所も勝ち越したい。いろいろな人と稽古する」

令和元年 大相撲夏場所星取表

【東】

番付	四股名	部屋・年齢	出身		成績	初	2	3	4	5	6	7	8	9	10	11	12	13	14	千
横綱	白鵬	宮城野 34	（モンゴル）	★	15休	や	や	や	や	や	や	や	や	や	や	や	や	や	や	や
大関	豪栄道	境川 33	（大阪）	☆	9勝6敗	○北富	○碧山	●遠藤	○琴奨	●大栄	●千大	○玉鷲	○御嶽	○阿炎	○隠岐	●竜電	○宝富	○正代	●朝山	●鶴竜
大関	貴景勝	千賀浦 22	（兵庫）	★	3勝4敗8休	○遠藤	○琴奨	●北富	○御嶽	■玉鷲	や	や	●碧山	■栃心	や	や	や	や	や	や
関脇	逸ノ城	湊 26	（モンゴル）	★	5勝7敗3休	●大栄	○千大	●玉鷲	○隠岐	●御嶽	●栃心	●北富	■琴奨	や	や	や	○碧山	○遠藤	●竜電	○妙義
小結	碧山	春日野 32	（ブルガリア）	★	6勝9敗	○玉鷲	●豪栄	●大栄	●千大	●鶴竜	●北富	●御嶽	○貴景	○琴奨	○遠藤	○高安	●逸城	○阿炎	●隠岐	●竜電
前頭	北勝富士	八角 26	（埼玉）	★	7勝8敗	●豪栄	●鶴竜	○貴景	●高安	●栃心	○碧山	○逸城	●阿炎	●御嶽	○千大	●琴奨	●遠藤	○大栄	○嘉風	○錦木
2	遠藤	追手風 28	（石川）	★	7勝8敗	●貴景	●高安	○豪栄	●鶴竜	●琴奨	○隠岐	●阿炎	○栃心	●千大	●碧山	○御嶽	○北富	●逸城	○阿武	○矢後
3	千代大龍	九重 30	（東京）	★	6勝9敗	●栃心	●逸城	●阿炎	○碧山	●高安	○豪栄	●鶴竜	●大栄	○遠藤	●北富	●玉鷲	●琴奨	○隠岐	○徳勝	○栃煌
4	隠岐の海	八角 33	（島根）	★	5勝10敗	●阿炎	●妙義	●栃心	●逸城	○竜電	●遠藤	○宝富	●高安	●鶴竜	●豪栄	○大栄	○琴恵	●千大	○碧山	●琴奨
5	妙義龍	境川 32	（兵庫）	★	6勝9敗	●竜電	○隠岐	●宝富	●嘉風	●阿炎	○正代	●明生	□魁聖	●高安	●玉鷲	○鶴竜	○錦木	●友風	○琴奨	●逸城
6	宝富士	伊勢浜 32	（青森）	☆	8勝7敗	○嘉風	●正代	○妙義	●明生	○魁聖	○阿炎	●隠岐	●朝山	○錦木	○友風	○阿武	●豪栄	○栃煌	●御嶽	●志摩
7	正代	時津風 27	（熊本）	☆	10勝5敗	○明生	○宝富	●魁聖	○竜電	○嘉風	●妙義	●錦木	○友風	○輝	●朝山	○松鳳	○栃煌	●豪栄	○高安	○琴恵
8	魁聖	友綱 32	（ブラジル）	★	3勝5敗7休	●朝山	●錦木	○正代	○友風	●宝富	○嘉風	●竜電	■妙義	や	や	や	や	や	や	や
9	錦木	伊勢海 28	（岩手）	★	5勝10敗	●友風	○魁聖	●輝	●朝山	●明生	○松鳳	○正代	●竜電	●宝富	●嘉風	○徳勝	●妙義	○照強	●矢後	●北富
10	輝	高田川 24	（石川）	★	5勝10敗	●阿武	●松鳳	○錦木	●栃煌	●朝山	●友風	●志摩	○嘉風	●正代	●徳勝	●千翔	●翔鵬	○矢後	○佐海	○石浦
11	松鳳山	二所関 35	（福岡）	☆	8勝7敗	○栃煌	○輝	●志摩	○阿武	●友風	●錦木	○千丸	○矢後	○徳勝	●明生	●正代	●佐海	●翔鵬	○照強	○炎鵬
12	志摩ノ海	木瀬 29	（三重）	☆	10勝5敗	●矢後	●千丸	○松鳳	●佐海	○阿武	●栃煌	○輝	○石浦	●翔鵬	○照強	○嘉風	○千翔	○琴恵	○炎鵬	○宝富
13	千代丸	九重 28	（鹿児島）	★	7勝8敗	○佐海	○志摩	○徳勝	●矢後	●栃煌	●石浦	●松鳳	●炎鵬	●照強	○翔鵬	○琴恵	○友風	○嘉風	●大栄	●阿武
14	徳勝龍	木瀬 32	（奈良）	★	4勝11敗	●炎鵬	○照強	●千丸	○石浦	●矢後	●千翔	●翔鵬	●琴恵	●松鳳	○輝	●錦木	●貴源	●佐海	●千大	○嘉風
15	照強	伊勢浜 24	（兵庫）	★	6勝9敗	○琴恵	●徳勝	○石浦	●千翔	●旭秀	●佐海	○炎鵬	●翔鵬	○千丸	●志摩	○栃煌	○矢後	●錦木	●松鳳	●大栄
16	大翔鵬	追手風 24	（モンゴル）	☆	9勝6敗	○石浦	●千翔	●貴源	●炎鵬	○佐海	○琴恵	○徳勝	○照強	○志摩	●千丸	●矢後	○輝	○松鳳	○栃煌	●明生
17	千代翔馬	九重 27	（モンゴル）	★	5勝10敗	●豊島	○翔鵬	●琴恵	○照強	●炎鵬	○徳勝	●石浦	●大奄	●佐海	●矢後	○輝	●志摩	●阿武	●友風	○勢

【西】

番付	四股名	部屋・年齢	出身		成績	初	2	3	4	5	6	7	8	9	10	11	12	13	14	千
横綱	鶴竜	井筒 33	（モンゴル）	☆	11勝4敗	○御嶽	○北富	○琴奨	○遠藤	○碧山	○大栄	○千大	●玉鷲	○隠岐	○阿炎	●妙義	○竜電	●高安	●栃心	○豪栄
大関	高安	田子浦 29	（茨城）	☆	9勝6敗	●琴奨	○遠藤	●御嶽	○北富	○千大	●玉鷲	○大栄	○隠岐	○妙義	○竜電	●碧山	●阿炎	○鶴竜	●正代	○栃心
関脇	栃ノ心	春日野 31	（ジョージア）	☆	10勝5敗	○千大	○大栄	○隠岐	○玉鷲	○北富	○逸城	○琴奨	●遠藤	□貴景	○御嶽	●阿炎	●明生	●朝山	○鶴竜	●高安
小結	御嶽海	出羽海 26	（長野）	☆	9勝6敗	●鶴竜	○玉鷲	○高安	●貴景	○逸城	○琴奨	○碧山	●豪栄	○北富	●栃心	●遠藤	○大栄	●竜電	○宝富	○朝山
前頭	琴奨菊	佐渡嶽 35	（福岡）	★	6勝9敗	○高安	●貴景	●鶴竜	●豪栄	○遠藤	●御嶽	●栃心	□逸城	●碧山	●大栄	○北富	○千大	●玉鷲	●妙義	○隠岐
2	大栄翔	追手風 25	（埼玉）	★	7勝8敗	○逸城	●栃心	○碧山	●阿炎	○豪栄	●鶴竜	●高安	○千大	●玉鷲	○琴奨	●隠岐	●御嶽	●北富	○千丸	○照強
3	玉鷲	片男波 34	（モンゴル）	☆	10勝5敗	●碧山	●御嶽	○逸城	●栃心	□貴景	○高安	●豪栄	○鶴竜	○大栄	○妙義	○千大	○朝山	○琴奨	○琴恵	●阿炎
4	阿炎	錣山 25	（埼玉）	☆	10勝5敗	○隠岐	●竜電	○千大	○大栄	○妙義	●宝富	○遠藤	○北富	●豪栄	●鶴竜	○栃心	○高安	●碧山	○明生	○玉鷲
5	竜電	高田川 28	（山梨）	☆	10勝5敗	○妙義	○阿炎	○嘉風	●正代	●隠岐	○明生	○魁聖	○錦木	●朝山	●高安	○豪栄	●鶴竜	○御嶽	○逸城	○碧山
6	嘉風	尾車 37	（大分）	★	4勝11敗	●宝富	○明生	●竜電	○妙義	●正代	●魁聖	●朝山	●輝	●阿武	○錦木	●志摩	○石浦	●千丸	●北富	●徳勝
7	明生	立浪 23	（鹿児島）	☆	10勝5敗	●正代	●嘉風	●朝山	○宝富	○錦木	●竜電	○妙義	○阿武	○友風	○松鳳	○石浦	○栃心	○炎鵬	●阿炎	○翔鵬
8	朝乃山	高砂 25	（富山）	☆	12勝3敗	○魁聖	○友風	○明生	○錦木	○輝	●阿武	○嘉風	○宝富	○竜電	○正代	○佐海	●玉鷲	○栃心	○豪栄	●御嶽
9	友風	尾車 24	（神奈川）	☆	8勝7敗	○錦木	●朝山	○阿武	●魁聖	○松鳳	○輝	●栃煌	●正代	●明生	●宝富	○炎鵬	●千丸	○妙義	○千翔	○佐海
10	阿武咲	阿武松 22	（青森）	☆	8勝7敗	○輝	○栃煌	●友風	●松鳳	●志摩	○朝山	○矢後	●明生	○嘉風	●琴恵	●宝富	○炎鵬	○千翔	●遠藤	○千丸
11	栃煌山	春日野 32	（高知）	★	6勝9敗	●松鳳	●阿武	○矢後	○輝	○千丸	○志摩	○友風	●佐海	●琴恵	○炎鵬	●照強	●正代	●宝富	●翔鵬	●千大
12	矢後	尾車 24	（北海道）	★	6勝9敗	○志摩	●佐海	●栃煌	○千丸	○徳勝	●炎鵬	●阿武	●松鳳	●石浦	○千翔	○翔鵬	●照強	●輝	○錦木	●遠藤
13	佐田の海	境川 32	（熊本）	★	7勝8敗	●千丸	○矢後	●炎鵬	○志摩	●翔鵬	○照強	●琴恵	○栃煌	○千翔	●石浦	●朝山	○松鳳	○徳勝	●輝	●友風
14	炎鵬	宮城野 24	（石川）	★	7勝8敗	○徳勝	●琴恵	○佐海	○翔鵬	○千翔	○矢後	●照強	○千丸	○豊島	●栃煌	●友風	●阿武	●明生	●志摩	●松鳳
15	琴恵光	佐渡嶽 27	（宮崎）	☆	8勝7敗	●照強	○炎鵬	○千翔	○若景	○石浦	●翔鵬	○佐海	○徳勝	○栃煌	○阿武	●千丸	●隠岐	●志摩	●玉鷲	●正代
16	石浦	宮城野 29	（鳥取）	★	5勝10敗	●翔鵬	○勢	●照強	●徳勝	●琴恵	○千丸	○千翔	●志摩	○矢後	○佐海	●明生	●嘉風	●若景	●豊島	●輝

優勝　朝乃山　12勝3敗（初）

十両　貴源治　13勝2敗（初）

幕下　貴ノ富士　7戦全勝

三段目　白石　7戦全勝

序二段　栃神山　7戦全勝

序ノ口　川渕　7戦全勝

三賞　殊勲　朝乃山（初）　敢闘　阿炎（2度目）朝乃山（3度目）志摩ノ海（初）　技能　竜電（初）

○=勝ち　●=負け　□=不戦勝　■=不戦敗　や=休場　☆=勝ち越し　★=負け越し　部屋名の次の数字は年齢

2019年大相撲夏場所星取表

表彰式で決意きっぱり

大相撲夏場所千秋楽を観戦し、表彰式で朝乃山に米国大統領杯を手渡すトランプ大統領＝2019年5月26日、東京・両国国技館

「看板力士目指す」
富山の熱い応援に感謝

令和に入って初めての本場所で初優勝という快挙を果たした朝乃山は、晴れやかな表情で千秋楽（5月26日）取組終了後の表彰式に臨んだ。恒例の優勝インタビューでは、好成績の要因について「春巡業と場所前の稽古をやってきて、それを自信に変えたからこそ、結果に結びついた」ときっぱり。富山からの熱い応援に対しては「幕内優勝で一つの恩返しができたと思います」と感謝を込めた。今後については「三役、その上を目指し、看板力士になれるよう頑張ります」と力強く答えた。

この日の東京・両国国技館は、来日中のトランプ米大統領夫妻が安倍晋三首相夫妻とともに来場。朝乃山対御嶽海《たけうみ》戦から結びまでの5番を観戦していたこともあって、場内はいつもの本場所に比べ一段と熱気に包まれていた。この時のNHK総合テレビの平均視聴率は午後5時からの1時間で26・6％に達した。

朝乃山は日本相撲協会の八角理事長（元横綱北勝海）から賜杯を、安倍首相から総理大臣杯をそれぞれ受け取ったのに続き、トランプ大統領から初の大統領杯が渡された。朝乃山は「言葉に表せないほどうれしかった。（大統領から）握手を求められたのでびっくりした」と感激した様子だった。

「日本一」「こっち向いて」。表彰式後、朝乃山はオープンカーに乗り込み優勝パレードに臨むと、相撲ファンらが期待の新ヒーローに祝福と声援を送った。朝乃山は左右に顔を向けながら

安倍首相から内閣総理大臣杯を受け取る朝乃山＝東京・両国国技館

優勝パレードに出発し、笑顔で手を振る朝乃山（右）と旗手を務めた北勝富士＝5月26日

優勝を報じる本紙号外やスポーツ紙を手に笑顔を見せる朝乃山＝5月27日、東京都墨田区の高砂部屋

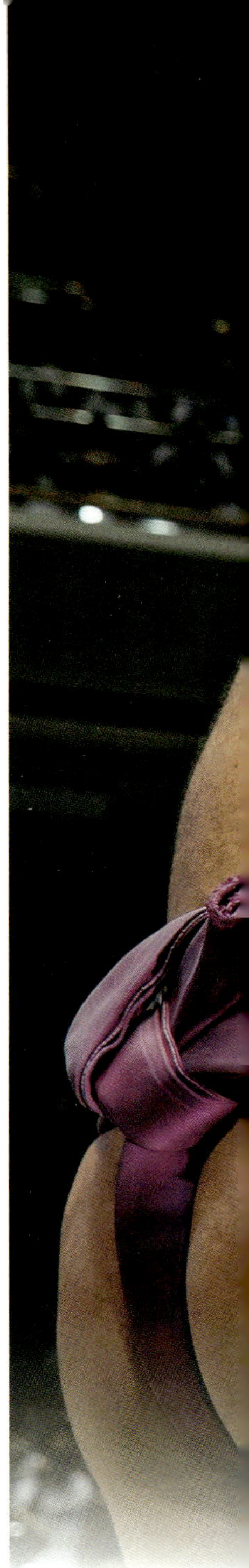

にこやかに手を振った。

旗手を務めたのは、同じ高砂一門で、仲がいい前頭筆頭の北勝富士（八角部屋）。朝乃山とは何度も稽古で汗を流してきた。助手席には朝乃山と親交の深い桑山征洋東京富山県人会連合会長が乗り込んだ。前日25日夜、高砂親方から誘われたという。「パレードの車に乗るのは2度目だが、今回は数十倍うれしい」と喜んだ。

喜びに沸く高砂部屋（東京・墨田区）には富山からの後援会メンバーも駆けつけており、優勝パレードを終えて戻った朝乃山は200人を超えるファンに出迎えられて、一気に表情が緩んだ。この後、国技館近くのホテルで開かれた高砂部屋の打ち上げパーティーに出席。石井隆一富山県知事は「早く大関、そして横綱になってほしい」と大きな期待を寄せた。パーティー後の報道各社の取材でも「優勝して終わりではない。満足せず精進しなければならない」と気持ちを引き締めた。

パーティーには朝乃山の父、靖さん（61）も出席し「横綱に取って代わり、時代をつくるくらい頑張ってほしい」と期待を込めた。靖さんと母の佳美さん（56）は初優勝を決めた14日目から土俵上の朝乃山を見つめており、千秋楽にはパーティーに先立ち、大杯に酒を注いで息子の快挙を祝った。

朝乃山の富山商業高校時代の恩師である故浦山英樹さんの家族も26日、東京都の高砂部屋や国技館を訪れ、浦山さんの遺影とともに朝乃山の姿を見守った。浦山さんの父、松男さん（71）は千秋楽の朝乃山の対戦を見た。勝利で飾ることはできなかったが「息子はきっと朝乃山に『まだまだ稽古して精進しないといけないな』と言ったと思う」と話した。

相撲協会の諮問機関、横綱審議委員会（横審）は千秋楽の翌日27日、国技館で定例会議を開き、朝乃山について高く評価した。矢野弘典委員長（産業雇用安定センター会長）は「素晴らしい。これをきっかけに誰もが認める実力をつけて脱皮してほしい」と期待した。

初優勝決定から一夜明けた県内は「朝乃山フィーバー」に沸いた。出身地の富山市呉羽町では、住民がお祝いの気持ちを込めた獅子舞を披露し、銭湯では入浴客に紅白の餅を配って喜びを分かち合った。同所の銭湯「呉羽の湯」は毎場所、「目指せ優勝　朝乃山」の横断幕を入り口に掲げている。26日朝に「目指せ」の文字の上に「祝」と書いた紙を貼り、取組後に紅白の餅150個を来店客に配った。小林紀夫店主（65）は「これからも末永く活躍してほしい」と目を細めた。

富山での盛り上がりで、6月11日～13日に射水市二口（大門）のグリーンパークだいもん相撲場で行う高砂部屋の合宿が注目されている。「優勝して帰れる。県民の皆さんは普段力士との稽古が見られないと思うので、いい思い出になればいい」と話した。

郷土の名横綱に続け
幕内優勝は太刀山以来

朝乃山の幕内優勝は県出身力士では、第22代横綱・太刀山以来だ。同じ富山市呉羽地区出身ということもあって、地元からは「太刀山に続け」という声援も聞こえる。その太刀山とはどんな力士だったのか…。

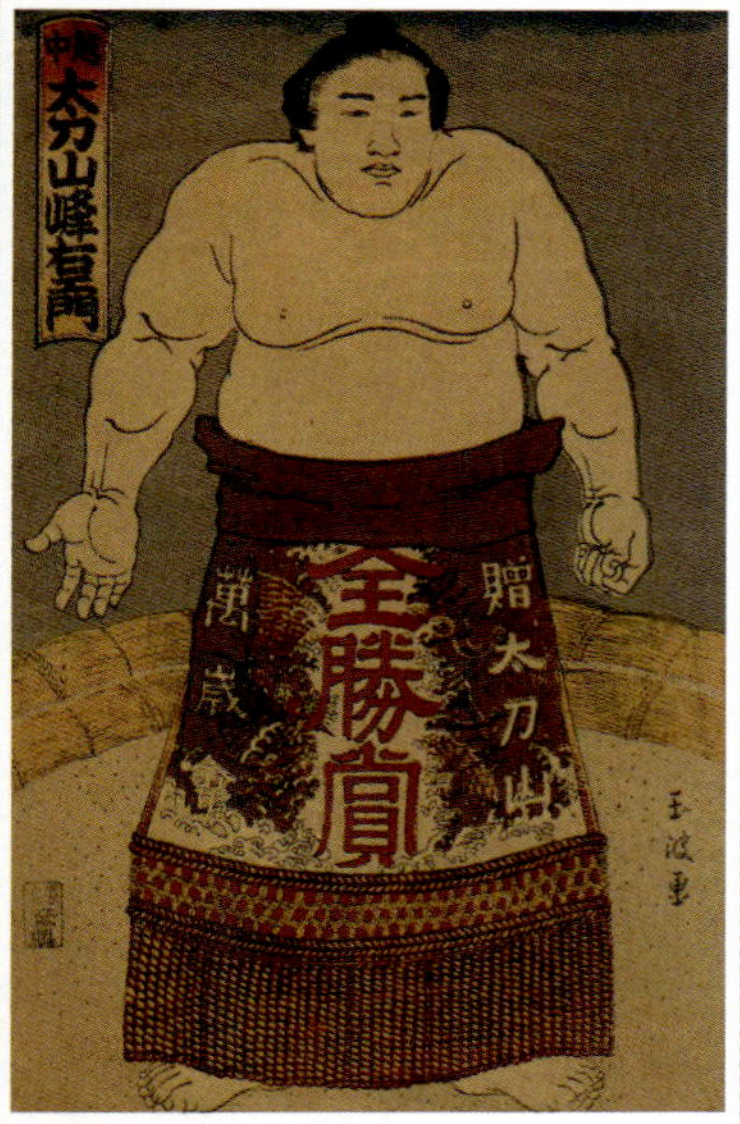
当時人気を博した太刀山の錦絵
（富山市郷土博物館所蔵）

富山県出身力士が幕内優勝を飾ったのは、103年前の1916(大正5)年5月場所の第22代横綱、太刀山峰右衛門(たちやま・みねえもん)以来だ。

太刀山は1877(明治10)年、朝乃山と同じ富山市吉作に製茶農家、老本治助の次男として生まれた。本名は弥次郎。

農家の後継ぎだったため角界入りする気はなかったが、188センチ、150キロの筋肉質の立派な体格を見込んだ板垣退助、西郷従道(内務大臣経験者)、県知事らに説得されて翻意したとされる。1899(明治32)年、友綱部屋に入門した。

「太刀山は四十五日《しじゅうごにち》で今日も勝ち」という太刀山の強さを表した川柳があるそうだ。四十五日は一カ月半、つまり〝一突き半〟で相手を土俵の外へ飛ばしてしまうというしゃれのことで、この川柳のように突き出しを得意技とした。また、「仏壇返し(寄り戻し)」の荒技も有名で、江戸時代の名大関(当時は大関が最高位)雷電の再来ともいわれた。

入門から12年かけ1911(明治44)年横綱になった。土俵入りは不知火《しらぬい》型。43連勝のあと1敗を挟み56連勝した大記録が残っている。幕内通算195勝27敗10分5預73休という堂々とした成績だった。

引退は1918(大正7)年。その後角界とは縁を絶つが、相撲への熱意は衰えず1940(昭和15)年に郷里の呉羽小学校に「相撲殿」を寄付した。同校の建て替えなどで「相撲殿」は取り壊されたが、戦後の1980(昭和55)年、次女峰子さんの寄付により同校グラウンドに相撲場「太刀山道場」が完成した。朝乃山も子どものころこの道場で稽古に励んだ。

明治後期から昭和初期にかけ角界で活躍した県出身力士のなかで、太刀山と並んで特筆される横綱がいた。太刀山より2代前の梅ケ谷藤太郎(うめがたに・とうたろう　1878～1927)である。富山市水橋大町に押田喜兵衛の4男として生まれる。本名は音次郎。1891(明治24)年、雷《いかずち》部屋に入門し1903(明治36)年横綱となった。土俵入りは雲竜型。168センチと力士として小柄だったが、158キロの体型(太鼓腹)を生かした左四つからの寄り切りが得意技だった。1915(大正4)年に引退。

太刀山、梅ケ谷をめぐってはこんなエピソードがある。映画がまだ庶民には珍しかった1900(明治33)年、米国帰りの日本人カメラマンが東京の「両国回向院《えこういん》大相撲」の模様を撮影した。そこには太刀山対駒ケ嶽《こまがたけ》、梅ケ谷対常陸山《ひたちやま》という当時の人気名力士の取り組みが映し出されていた。東京、大阪で公開されると大好評だったという。県出身者が関係する初めての映画であった。

太刀山は1941(昭和16)年4月3日に没した。享年63歳。生家の吉作地区には「太刀山出生之地」と記した石碑が建つ。

太刀山の生誕地（富山市吉作）

第22代横綱　太刀山峰右衛門
（1877−1941）

初優勝までの軌跡

2019年
春場所
東前頭8枚目

2016（平成28）年の春場所デビューから、わずか3年余りで幕内優勝という高みに駆け上がった朝乃山。各場所での心・技・体の成長ぶりを振り返り、初優勝への軌跡を追った。

2019年3月に大阪で行われた平成最後の大相撲春場所。朝乃山は、勝ち越しに王手をかけた11日目から悪夢の5連敗で、2場所ぶりの負け越しとなった。

連敗前は3連勝と勢いに乗り、一桁も見えただけに、苦手相手や連敗癖の克服が番付を上げるための鍵と言える。場所後、3学年下の22歳の貴景勝が大関に昇進。同世代の活躍に刺激を受け、新元号の令和で初めて行われる夏場所に、三役昇進の足がかりを求めた。

2019年春場所初日、朝乃山（左）がすくい投げで宝富士を破る＝エディオンアリーナ大阪

初日からは2連勝と好スタートを切った。初黒星となったのが、3日目の元大関、琴奨菊《ことしょうぎく》（西前頭8枚目・佐渡ケ嶽部屋）戦。左前みつを取られ、一気にがぶり寄られた。一方で、4日目の矢後《やご》（西前頭10枚目・尾車部屋）、6日目の勢《いきおい》（西前頭9枚目・伊勢ノ海部屋）との一番など、得意の右を差すと強さを発揮する万全の相撲もあった。

悪夢の5連敗は、11日目の竜電《りゅうでん》（東前頭11枚目・高田川部屋）戦から始まった。突き、押しから得意の右四つになるも、両上手を取られて寄り切られた。12日目は、1敗で優勝争いを演じる逸ノ城《いちのじょう》（西前頭4枚目・湊部屋）に上手を取られ「頭からぺしゃんとやられた」。何かがおかしい。朝乃山の歯車は明らかに狂っていた。

7勝7敗で迎えた千秋楽。最後の一番に2場所連続の勝ち越しが懸かる。相手は、身長177㎝と小柄な琴恵光《ことえこう》（西前頭15枚目・佐渡ケ嶽部屋）。過去一度も負けたことがない相手だ。得意の右を差して土俵際に追い詰め、勝ちが見えた瞬間、朝乃山の巨体が浮いた。琴恵光のすくい投げだった。

千秋楽後、師匠の高砂親方（元大関・朝潮）は苦言を呈した。「体調管理に失敗したと聞いた。責任を全うするためには強い気持ちで頑張らないといけない」。本番で最高のパフォーマンスを発揮するための体調管理はどうあるべきなのか。その大切さを身を持って実感した春場所だった。

大相撲春場所（3月場所）
朝乃山（東前頭8枚目）の取組結果

幕内	取組力士		勝敗	決まり手
初日	宝《たから》富《ふ》士《じ》	西前頭7枚目	○	すくい投げ
2日目	佐《さ》田《だ》の海《うみ》	東前頭9枚目	○	はたき込み
3日目	琴《こと》奨《しょう》菊《ぎく》	西前頭8枚目	●	寄り切り
4日目	矢《や》後《ご》	西前頭10枚目	○	押し出し
5日目	碧《あおい》山《やま》	東前頭7枚目	●	押し倒し
6日目	勢《いきおい》	西前頭9枚目	○	寄り切り
7日目	隠《お》岐《き》の海《うみ》	東前頭6枚目	●	寄り切り
中日	阿《あ》炎《び》	西前頭6枚目	○	寄り切り
9日目	阿《おう》武《の》咲《しょう》	西前頭5枚目	○	はたき込み
10日目	石《いし》浦《うら》	東前頭15枚目	○	はたき込み
11日目	竜《りゅう》電《でん》	東前頭11枚目	●	寄り切り
12日目	逸《いち》ノ《の》城《じょう》	西前頭4枚目	●	上手投げ
13日目	友《とも》風《かぜ》	東前頭13枚目	●	上手投げ
14日目	輝《かがやき》	西前頭13枚目	●	押し出し
千秋楽	琴《こと》恵《え》光《こう》	西前頭15枚目	●	すくい投げ

7勝８敗で２場所ぶりの負け越し

2019年
初場所
西前頭8枚目

2019年1月の初場所は3場所ぶりに勝ち越し、好スタートを切った。5連敗からのV字回復の星取を見せ、土俵際の8勝7敗で踏みとどまった。逆境をはね返した土俵の裏にあったのは、ずっと応援してくれるファンの姿。自分を支える大きな存在を改めて知り、今度は、その期待に応えていく。

2019年初場所千秋楽、朝乃山（手前）が上手投げで勢を破る＝東京・両国国技館

初日から5連敗スタートを余儀なくされた朝乃山が逆境をはね返す大逆転劇だった。初日の魁聖《かいせい》（東前頭8枚目・友綱部屋）、2日目は遠藤《えんどう》（西前頭9枚目・追手風部屋）、3日目は宝富士《たからふじ》（東前頭10枚目・伊勢ヶ浜部屋）と黒星が続いた。4日目竜電《りゅうでん》（東前頭7枚目・高田川部屋）、5日目大栄翔《だいえいしょう》（西前頭7枚目・追手風部屋）に土をつけられ、「もう負け越しだな」と内心で弱音を吐いた。ようやく白星がつかめたのは、阿炎《あび》（西前頭10枚目・錣山《しころやま》部屋）と対戦した6日目。お決まりのもろ手突きに耐え、引き際に足を出し、前のめりになりながら押し出した。

敗戦続きにもかかわらず普段と変わらない応援を受けていることに、朝乃山は気付いた。連敗中の僕を応援してくれている人がこんなにたくさんいるんだ。5連敗が嘘だったかのように、この1勝をきっかけに6日目以降の10戦を8勝2敗とする快進撃が始まった。

千秋楽の対戦相手は元関脇・勢《いきおい》（西前頭11枚目・伊勢ノ海部屋）。ここまで7勝7敗の五分の朝乃山は、勝ち越しが懸かっていた。相手のすくい投げと打ち合いになったものの、左肩を巧みに回し抜き、先に土俵へ落とさせた。支援者からの大きな期待が次の場所に向けたパワーとなっている。

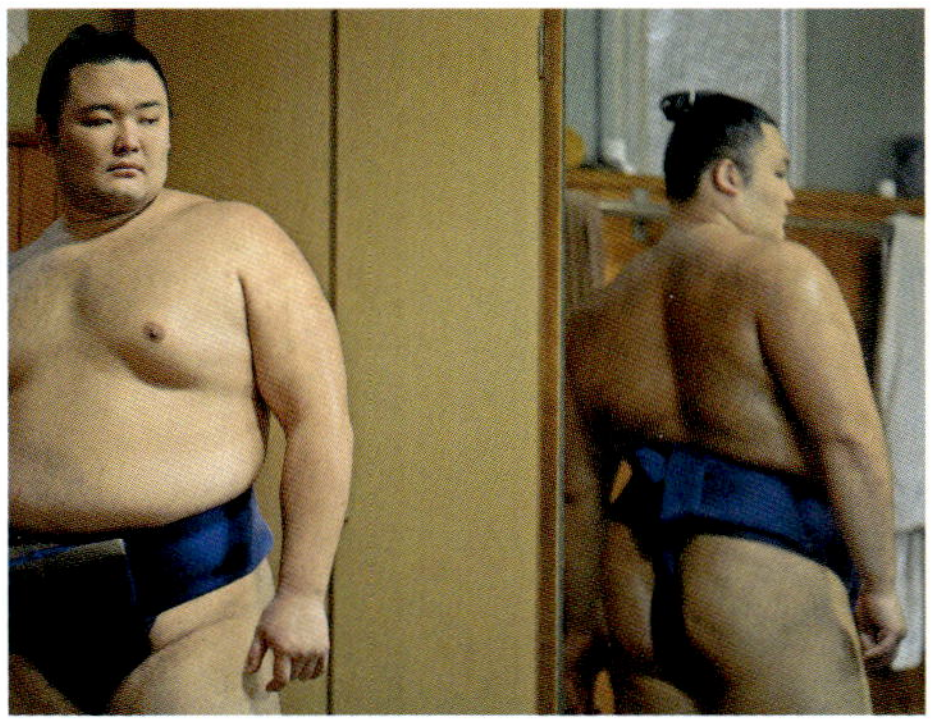
初場所に向けて調整する朝乃山＝東京・高砂部屋

大相撲初場所（1月場所）
朝乃山（西前頭8枚目）の取組結果

幕内	取組力士		勝敗	決まり手
初日	魁《かい》聖《せい》	東前頭8枚目	●	寄り切り
2日目	遠《えん》藤《どう》	西前頭9枚目	●	突き出し
3日目	宝《たから》富《ふ》士《じ》	東前頭10枚目	●	突き落とし
4日目	竜《りゅう》電《でん》	東前頭7枚目	●	寄り切り
5日目	大《だい》栄《えい》翔《しょう》	西前頭7枚目	●	引き落とし
6日目	阿《あ》炎《び》	西前頭10枚目	○	押し出し
7日目	佐《さ》田《だ》の海《うみ》	東前頭11枚目	○	突き落とし
中日	嘉《よし》風《かぜ》	西前頭5枚目	○	突き出し
9日目	千《ち》代《よ》大《たい》龍《りゅう》	東前頭6枚目	●	突き落とし
10日目	阿《おう》武《の》咲《しょう》	西前頭6枚目	○	はたき込み
11日目	矢《や》後《ご》	東前頭13枚目	○	寄り切り
12日目	千《ち》代《よ》翔《しょう》馬《ま》	西前頭14枚目	○	寄り切り
13日目	隠《お》岐《き》の海《うみ》	西前頭4枚目	○	上手投げ
14日目	大《だい》翔《しょう》丸《まる》	西前頭16枚目	●	押し倒し
千秋楽	勢《いきおい》	西前頭11枚目	○	上手投げ

８勝７敗で３場所ぶりの勝ち越し

2018年 九州場所

西前頭5枚目

2018年11月の九州場所から「新三役」に向けた新しいチャレンジが始まった。この年、朝乃山は幕内で6場所を戦い、勝ち越し3場所、負け越し3場所。番付を前頭5枚目まで上げ、11月の九州場所では結びの一番で大関に初挑戦した。

自分の実力を認識するとともに、上位陣との対戦で勝負できる手応えもつかんだ。

2018年九州場所千秋楽、朝乃山（右）が寄り切りで大奄美を破る＝福岡国際センター

2018年の九州場所は横綱の休場が重なった。朝乃山は秋場所に続いて6勝9敗と2場所連続の負け越しに終わった。

初日の貴ノ岩《たかのいわ》（東前頭6枚目・千賀ノ浦部屋）、2日目の輝《かがやき》（西前頭6枚目・高田川部屋）には、ともに上手投げで連勝スタートを切った。しかし、3〜6日目は千代大龍《ちよたいりゅう》（東前頭5枚目・九重部屋）、嘉風《よしかぜ》（西前頭4枚目・尾車部屋）、正代《しょうだい》（東前頭4枚目・時津風部屋）、阿炎《あび》（東前頭7枚目・錣山部屋）に対して4連敗。前に出ながらも勝負を決めきれない取組が続いた。

7日目は松鳳山《しょうほうざん》（西前頭7枚目・二所ノ関部屋）、中日は勢《いきおい》（東前頭8枚目・伊勢ノ海部屋）に2連勝。星を五分に戻したが、9日目、元関脇・玉鷲《たまわし》（西前頭2枚目・片男波部屋）に押し出された。10日目の結びの一番で大関・豪栄道《ごうえいどう》に敗れた後、11日目は竜電《りゅうでん》（西前頭3枚目・高田川部屋）の上手投げを食らった。

4勝7敗で迎えた12日目は、宝富士《たからふじ》（西前頭8枚目・伊勢ケ濱部屋）を不得手の左差しから寄り切りで下し今場所2度目の4連敗は避けたが、13日目は元関脇・栃煌山《とちおうざん》（東前頭2枚目・春日野部屋）に押し倒され、負け越しが決まった。

「結びの一番で大関と相撲を取ったのは良い経験だったが、横綱と対戦するようにならないといけない」。高砂親方（元大関・朝潮）は朝乃山の相撲をこう総括した。

大相撲九州場所（11月場所）
朝乃山（西前頭5枚目）の取組結果

幕内	取組力士		勝敗	決まり手
初日	貴《たか》ノ《の》岩《いわ》	東前頭6枚目	○	上手投げ
2日目	輝《かがやき》	西前頭6枚目	○	上手投げ
3日目	千《ち》代《よ》大龍《たいりゅう》	東前頭5枚目	●	押し出し
4日目	嘉《よし》風《かぜ》	西前頭4枚目	●	押し出し
5日目	正《しょう》代《だい》	東前頭4枚目	●	上手投げ
6日目	阿《あ》炎《び》	東前頭7枚目	●	上手投げ
7日目	松《しょう》鳳《ほう》山《ざん》	西前頭7枚目	○	寄り切り
中日	勢《いきおい》	東前頭8枚目	○	上手投げ
9日目	玉《たま》鷲《わし》	西前頭2枚目	●	押し出し
10日目	豪《ごう》栄《えい》道《どう》	東大関	●	上手投げ
11日目	竜《りゅう》電《でん》	西前頭3枚目	●	上手投げ
12日目	宝《たから》富《ふ》士《じ》	西前頭8枚目	○	寄り切り
13日目	栃《とち》煌《おう》山《ざん》	東前頭2枚目	●	押し倒し
14日目	逸《いち》ノ《の》城《じょう》	西関脇	●	寄り切り
千秋楽	大《だい》奄《あま》美《み》	東前頭15枚目	○	寄り切り

6勝9敗で２場所連続の負け越し

千秋楽翌日、取材用に髪のまげを結い直してもらう朝乃山（福岡市・高砂部屋宿舎）

2018年
秋場所
西前頭5枚目

東京・両国国技館で行われた2018年9月の大相撲秋場所。3横綱3大関がそろった中、横綱・白鵬の記録づくめのV41で幕を閉じた。西前頭5枚目で臨んだ朝乃山は、10日目までに3連勝を含む7勝3敗としながら、まさかの給金相撲5連敗。勝ち相撲に満足するとともに、敗戦からも多くの学びを得た。

2018年秋場所10日目、朝乃山（奥）が下手出し投げで北勝富士を破る＝東京・両国国技館

勝ち越しに王手をかけた10日目までに得た七つの白星は、スピード感のある激しい相撲で勝つべくして勝ち切った。

初日の元関脇のベテラン・妙義龍《みょうぎりゅう》（東前頭5枚目・境川部屋）とは上半身の柔らかさを生かして土俵際でのけぞりながら、右で突き落とした。2日目は、22歳の元小結・阿武咲《おうのしょう》（西前頭6枚目・阿武松部屋）と激しい突き合いになったが最後は押し出した。3日目は、突き相撲の阿炎《あび》（西前頭4枚目・錣山部屋）のはたきに乗じて押し切った。5日目は千代の国《ちよのくに》（東前頭4枚目・九重部屋）、6日目には初顔合わせの松鳳山《しょうほうざん》（東前頭7枚目・二所ノ関部屋）と見事な2連勝。

10日目、北勝富士《ほくとふじ》（東前頭9枚目・八角部屋）とは、先手を取って右ハズで押し込んでから左の下手出し投げを仕掛け、相手を土俵に這わせた。

これで7勝3敗と勝ち越しに王手をかけたが残りの5日間は、白星は一つも付いてこなかった。

9日目の34歳元大関・琴奨菊《ことしょうぎく》（西前頭8枚目・佐渡ケ嶽部屋）戦と、14日目の36歳元関脇・嘉風《よしかぜ》（西前頭15枚目・尾車部屋）戦では「元三役力士のすごさを実感した。再起をはかるベテランの意地も感じた。立ち合いの駆け引きから取り口までの全てが勉強になった」と敗戦を振り返った。

富山に来県し県警一日部長として園児たちと取組を行う朝乃山関（中央）＝2018年9月25日、富山市北代のまどか幼稚園

大相撲秋場所（9月場所）
朝乃山（西前頭5枚目）の取組結果

幕内	取組力士		勝敗	決まり手
初日	妙《みょう》義《ぎ》龍《りゅう》	東前頭5枚目	○	突き落とし
2日目	阿《おう》武《の》咲《しょう》	西前頭6枚目	○	押し出し
3日目	阿《あ》炎《び》	西前頭4枚目	○	押し出し
4日目	輝《かがやき》	東前頭6枚目	●	小手投げ
5日目	千《ち》代《よ》の国《くに》	東前頭4枚目	○	寄り倒し
6日目	松《しょう》鳳《ほう》山《ざん》	東前頭7枚目	○	きめ出し
7日目	栃《とち》煌《おう》山《ざん》	西前頭7枚目	●	突き落とし
中日	宝《たから》富《ふ》士《じ》	東前頭8枚目	○	寄り切り
9日目	琴《こと》奨《しょう》菊《ぎく》	西前頭8枚目	●	寄り切り
10日目	北《ほく》勝《と》富《ふ》士《じ》	東前頭9枚目	○	下手出し投げ
11日目	大《だい》翔《しょう》丸《まる》	西前頭9枚目	●	突き落とし
12日目	佐《さ》田《だ》の海《うみ》	東前頭11枚目	●	下手投げ
13日目	大《だい》栄《えい》翔《しょう》	西前頭10枚目	●	寄り倒し
14日目	嘉《よし》風《かぜ》	西前頭15枚目	●	突き落とし
千秋楽	貴《たか》景《けい》勝《しょう》	西小結	●	押し出し

7勝8敗で2場所ぶりの負け越し

心と夢を、輝きでむすぶ
Kuwayama
Reson
レゾン
JJA JEWELLERY
DESIGN AWARDS 2018
【日本ジュエリー大賞・内閣総理大臣賞】
【プラチナ・ギルド・インターナショナル賞】
総合ジュエリーメーカー
株式会社 桑山 代表取締役会長 桑山 征洋
本社：〒110-0015 東京都台東区東上野2-23-21 TEL：03-3835-7231 FAX：03-3839-6024
工場：〒937-0853 富山県魚津市宮津1288-1 TEL：0765-24-2711 FAX：0765-24-7568
＜支店：甲府・大阪・福岡 海外拠点：タイ（バンコク）・中国（無錫/深圳/広州）・香港・ベルギー（アントワープ）＞
http://www.kuwayama.co.jp/

2018年 魚津場所

凱旋朝乃山　迫力の取組

2018年8月2日、大相撲の夏巡業「魚津場所」が魚津市のありそドームでおこなわれ、朝乃山は幕内となって初めて地元巡業に参加した。3横綱や人気力士たちも集結し、迫力の取組を披露。巡業ならではの催しもあり、詰め掛けた観客たちは国技の魅力が凝縮された時間を楽しんだ。

幕内土俵入りでブリの化粧まわしを着け、観客に手を振る朝乃山（中央）＝魚津市のありそドーム

6年ぶり魚津での巡業

魚津市では6年ぶりの巡業となった。午前8時に開場し、取組は序二段からスタート。三段目、幕下、十両、幕内の順で実施した。幕内取組の前には白鵬、鶴竜、稀勢の里の3横綱が「不知火型」「雲竜型」の土俵入りをそれぞれ力強く披露。四股を踏む場面では客席から「よいしょー」と掛け声が飛んだ。

取組では朝乃山をはじめ、北信越の幕内力士たちが躍動した。

先場所の名古屋場所で敢闘賞に輝いた朝乃山を見ようと3000人の相撲ファンが集まり、優勝した御嶽海（長野県出身）は、「長野と同じくらい盛り上がっているんじゃないですか」と、富山の相撲熱の高まりについて触れた。

堂々とした「不知火型」の横綱土俵入りを披露する白鵬＝ありそドーム

成長ぶり　故郷で示す

朝乃山は開場と同時に行われた握手会から登場。公開のぶつかり稽古では横綱稀勢の里の胸を借りた。どっしりと構える横綱に何度も転がされると、観客からは「頑張れ」と声援が送られた。

幕内の土俵入りでは、出世魚ブリがデザインされた化粧まわしを着け、土俵上から手を振ってファンを喜ばせた。

注目の取組は、人気力士の遠藤（石川県出身）と組まれた。立ち合いで一気に土俵際に押し込まれるも、踏ん張って押し返し、寄り切った。土俵中央まで押し返すと、しばらく力比べが続き、「元気のある相撲を取りたい」と語っていた通り、最後は一息で寄り切った。

朝乃山は「十両だった昨年の巡業よりも多くの人から声を掛けられた」と、人気ぶりを実感した様子だった。期待のホープは一回り成長した姿を古里で披露した。

遠藤との力のこもった取組で会場を沸かせた朝乃山（右）＝ありそドーム

2018年 名古屋場所

西前頭13枚目

2018年名古屋場所14日目、朝乃山（右）が押し出しで遠藤を破る＝名古屋市のドルフィンズアリーナ

名古屋市のドルフィンズアリーナで行われた2018年7月の大相撲名古屋場所。厳しい暑さの中、朝乃山は自己最高成績の11勝4敗で2場所ぶりの勝ち越しを果たすとともに、優勝争いにも絡んで2度目の敢闘賞を受賞。幕内6場所目で正統派の右四つ相撲に加えて、体格を生かした突き押し相撲が光った。

幕内で自己最多となった11勝をあげた名古屋場所。朝乃山は初日から3連勝という好スタートを切った。4日目は竜電《りゅうでん》（西前頭15枚目・高田川部屋）に寄り切られたが、翌5日目から5連勝を挙げ、平幕力士で最初の勝ち越しを決めた。

中日の碧山《あおいやま》（東前頭11枚目・春日野部屋）の192kgの巨体に対しても休まず前に出て寄り切った。9日目の石《いし》浦《うら》（東前頭15枚目・宮城野部屋）は懐に入れることなく押出し、自己最速の9日目での給金直しとなった。

御嶽海《みたけうみ》（関脇・出羽海部屋）が13勝目で初優勝を決めた14日目、朝乃山は過去一度も勝ったことのない石川県出身の遠藤《えんどう》（東前頭6枚目・追手風部屋）と向き合うことに。この隣県同士の対決は朝乃山が押出しで勝負を決めた。

11勝3敗で迎えた千秋楽は元小結・貴景勝《たかけいしょう》（西前頭3枚目・貴乃花部屋）に黒星を喫した。

3横綱1大関不在とはいえ優勝争いに絡む11勝は高く評価され、敢闘賞を受賞。番付上位と対戦する秋場所も2桁勝利を目指す。

名古屋場所を前に突き押しの稽古を繰り返し最終調整する朝乃山＝愛知県蟹江町の高砂部屋

大相撲名古屋場所（7月場所）
朝乃山（西前頭13枚目）の取組結果

幕内	取組力士		勝敗	決まり手
初日	琴《こと》恵《え》光《こう》	東前頭14枚目	○	突き落とし
2日目	隠《お》岐《き》の海《うみ》	西前頭14枚目	○	突き落とし
3日目	荒《あら》鷲《わし》	西前頭12枚目	○	寄り切り
4日目	竜《りゅう》電《でん》	西前頭15枚目	●	寄り切り
5日目	佐《さ》田《だ》の海《うみ》	東前頭12枚目	○	上手投げ
6日目	栃《とち》煌《おう》山《ざん》	東前頭13枚目	○	上手出し投げ
7日目	明《めい》生《せい》	西前頭16枚目	○	突き落とし
中日	碧《あおい》山《やま》	東前頭11枚目	○	寄り切り
9日目	石《いし》浦《うら》	東前頭15枚目	○	押し出し
10日目	北《ほく》勝《と》富《ふ》士《じ》	東前頭16枚目	●	押し出し
11日目	錦《にしき》木《ぎ》	西前頭10枚目	○	寄り切り
12日目	魁《かい》聖《せい》	東前頭4枚目	●	寄り切り
13日目	妙《みょう》義《ぎ》龍《りゅう》	東前頭9枚目	○	寄り切り
14日目	遠《えん》藤《どう》	東前頭6枚目	○	押し出し
千秋楽	貴《たか》景《けい》勝《しょう》	西前頭3枚目	●	寄り切り

11勝4敗で2場所ぶりの勝ち越し。11勝は自己最多勝利。自身2度目の敢闘賞を受賞

朝乃山インタビュー
2度目の敢闘賞

自信深めた11勝と敢闘賞「次は真価が問われる場所になる」

ティーズシーン　2018年9・10月号再録

石川雅浩（編集局報道センター）

全国各地で40度近い猛暑日を記録した7月23日。大相撲名古屋場所の千秋楽から一夜明け、愛知県蟹江町にある龍照院の高砂部屋宿舎を訪れると、朝乃山はクーラーの効いた小部屋で、ミニ扇風機を片手に疲れを癒やしていた。「名古屋の暑さって、半端ないっすよね」。そう話す声のトーンはいつも以上に高かった。

それも、そのはずだ。前日まで15日間にわたって行われた名古屋場所では、幕内で自己最多となる11勝（4敗）。さらには、終盤まで優勝圏内にとどまったことが評価され、2度目の敢闘賞を獲得した。3横綱1大関が前半戦で不在となる大荒れの本場所で、13勝で初優勝した関脇・御嶽海《みたけうみ》（出羽海部屋）や12勝の豊山《ゆたかやま》（西前頭9枚目・時津風部屋）らと共に土俵を大いに活気づかせた。

「優勝争いに絡むことができ、敢闘賞をもらえたことは素直にうれしいです。これまで勝てなかった関取からも白星を挙げることができ、自信になりました。（1学年上の）御嶽海関の優勝を見て、『今度は自分も』という気持ちが湧きましたね」と上機嫌に語った。

好成績につながった5月夏場所の悔しさ

名古屋場所での好成績の背景には、5月に行われた夏場所での悔しさがあった。9日目まで6勝3敗と白星を重ね、2桁勝利も射程圏内だったが、10日目の取組で左足を故障するアクシデント。強行出場した11日目からの5日間は1勝4敗と本来の相撲ができず、最終的には7勝8敗で勝ち越しすらも逃した。3場所ぶりの負け越しに、周囲からは激励の言葉をかけてもらった一方で、「何をやっているんだ」「あと1番勝てば、勝ち越しだったのに」「精神面がまだまだ弱いからだよ」など厳しい言葉も浴びせられた。

「一番悔しい思いをしていたのは自分なのに、他の人から腹が立つほどにグチグチと言われました。『今に見とけよ』という思いがこみ上げてきて、すぐに名古屋へ向けて気合が入りました」と当時の心境を思い出す。

地方巡業がなかった6月は、故障した足を回復させ、上半身を中心に筋力強化に励んだ。6月下旬に名古屋入りしてからは、得意の四つ相撲のほか、立ち合いから突き押す取り口を重点的に稽古した。

迎えた名古屋場所。酷暑の中でのリベンジ戦は、3連勝という最高の形でスタートできた。初日は、新入幕の琴恵光《ことえこう》（東前頭14枚目・佐渡ヶ嶽部屋）と対戦。会場内に新入幕力士を応援する嫌な空気が流れる中、柔道出身で力自慢の琴恵光にすくわれて土俵際まで追い込まれたが、逆にすくい返して突き落とした。2日目は、上背のある隠岐の海《おきのうみ》（西前頭14枚目・八角部屋）と差し手の巻き替えの応酬から、左おっつけで前進し、最後は突き落としで勝負を決めた。3日目は、荒鷲《あらわし》（西前頭12枚目・峰崎部屋）に前ミツを取られるも、左上手からの投げで崩し、右差しで寄り切った。3戦ともに落ち着いた取り口で、「体がよく動いていたので、うまく戦えた。勝負どころでは休まずに前に出ることができた」と好調ぶりを示した。

4日目は、竜電《りゅうでん》（西前頭15枚目・高田川部屋）に寄り切られ、夏場所に続いて初日からの連勝が3でストップ。支度部屋では「4連勝とはいかなかったが、まだ序盤戦なので気持ちを切り替えていきたい」と先を見据えた。この言葉通り、翌日の5日目から9日目まで圧巻の5連勝。8勝1敗とし、平幕力士では最初に勝ち越しを決めた。

この白星が続いた5日間は、冷静な取組が際立った。5日目は佐田の海《さだのうみ》（東前頭12枚目・境川部屋）を上手投げ、6日目は栃煌山《とちおうざん》（東前頭13枚目・春日野部屋）を上手出し投げで破った。二つの取組ともに相手の得意技を防ぎながら得意の右四つに組み、先手で攻めた結果だった。7日目は新入幕の明生《めいせい》（西前頭16枚目・立浪部屋）に左差しを許すも、右を巻き替えておっつけるように突き落とした。「攻められてちょっと焦ったが、最後まで粘って勝機を見い出せた」と振り返った。

中日は、苦手の巨漢力士・碧山《あおいやま》（東前頭11枚目・春日野部屋）。体重192kgで突きのある碧山に対し、「重たいので、止まったらやられる。

休まずに前に出よう」と臨んだ。立ち合いで予想通りの喉輪に耐えると、十分な左上手を取り、ここから出足を止めずに一気に寄り立てた。9日目は小兵力士・石浦《いしうら》（東前頭15枚目・宮城野部屋）を圧倒。突き手を伸ばして懐に入れず、迷いのない足の運びで押し出した。入幕6場所目で9日目の給金直しは自己最速。それでも、「一歩成長したと思ったら、天狗になるから」と大口を叩くことはなかった。

平幕優勝への大胆宣言も
御嶽海の背中遠のく2敗

9日目を終え、全勝の御嶽海を星一つの差で追いかける展開となった。支度部屋では報道陣から「優勝争い」について問われ、「こんなチャンスはめったにない。何とかものにしたい」と賜杯を意識して大胆不敵に宣言。昨年9月の秋場所でも新入幕ながら優勝争いに絡んだ際は、「優勝は絶対にないです」と控えめだったが、今場所は心の底から本気で「優勝」の二文字を意識した。さらに、伝統ある高砂部屋のジンクスも背中を後押しした。高砂部屋では過去、富士錦、高見山、水戸泉の3力士が名古屋場所で平幕優勝を果たした。高砂部屋の部屋頭としての自覚とプライドもあり、「その歴史を再び現実にしたい」と意気込んだ。高砂親方（元大関・朝潮）も「たまたま勝っているから、言っているだけ。でも、その気持ちがあるのは良いこと」と部屋頭の心意気を喜んだ。

しかし、連勝を伸ばし、御嶽海を追走すべきだった10日目。学生相撲出身で普段から仲の良い1学年上の北勝富士《ほくとふじ》（東前頭16枚目・八角部屋）が立ちはだかった。立ち合い後の激しい攻防から一度つかんだ左上手が切れ、喉輪で攻められて劣勢に。右ですくって回り込んだが、自らバランスを崩し、両ハズ押しに屈した。「左上手がかかったが、引き付けられなかったのが敗因。もっと早く攻めて、体を密着させるべきだった」と悔やんだ。11日目は、錦木《にしきぎ》（西前頭10枚目・伊勢ノ海部屋）との差し手争いを制し、右四つで万全の寄り切り。12日目は、自身より約40kg重い魁聖《かいせい》（東前頭4枚目・友綱部屋）を右四つ左上手の形から土俵際まで追い込んでいたが、体を入れ替えられ、そのまま寄り切られた。「あそこまでいったら勝たないといけない。左上手を取った時に、引き付けて腰を落とさないといけない」と反省した。

12日目終了時点で、1敗に御嶽海、3敗に大関・豪栄道《ごうえいどう》や朝乃山ら4人。魁聖に負けた後のインタビューで、「北勝富士、魁聖に2敗したので、優勝はない」と諦めつつも、「今場所は連敗していないのが、成長している部分。残りの3日間を集中したい」と気を引き締めた。

何としても連敗は避けたかった13日目。前さばきの上手い妙義龍《みょうぎりゅう》（東前頭9枚目・境川部屋）と対戦。5月の夏場所では寄り倒しで屈辱的な敗戦を喫した元関脇のベテランに対して、「先に左上手を」と挑んだが、立ち合いから相手に突き放され、もろ差しを許し、一気に後退させられた。だが、ここで勝負を諦めずに粘りを見せた。左に逃れて上手を取ると、右をねじ込んで、逆襲の寄り。一気に前に出て、寄り切った。「落ち着いて、危ないところをよく我慢できた。劣勢でも粘りで逆転できることを見せられた。（新入幕以来の）10勝はうれしい」と笑顔を見せた。

14日目。御嶽海が13勝目を挙げ、初優勝を飾った。この日、朝乃山にとっても最高の白星を手にした。「今場所で1番の取組。快勝で気持ちが良かった」と振り返った一番の相手は、石川県出身の遠藤《えんどう》（東前頭6枚目・追手風部屋）だ。過去の対戦成績は0勝2敗。「隣県対決として、もう負けら

ない」という思いが強くなっていた。「組むと強いから、頭からぶちかましていこう」と土俵上に。その立ち合いで左に変化した遠藤の動きに反応し、後退する相手を突き放して、最後は一気に押し出した。「『よっしゃー』という感じで、喜びが爆発した。学生時代から勝てなかった相手だったので、この1勝は大きい」と興奮気味に話した。

11勝3敗で迎えた千秋楽。猛省すべき取組をしてしまう。支度部屋での準備中、テレビ中継で自身の敢闘賞受賞を知った。「敢闘賞がもらえるかどうか朝から気になっていたので、受賞決定を聞いて、気持ちが緩んでしまった」。対戦相手は若手の元小結・貴景勝《たかけいしょう》(西前頭3枚目・貴乃花部屋)。立ち合いで低く当たられ、右をハズに左を差されると、はたいたところに乗じて寄り切られた。力のない内容に、「みっともない相撲だった。14日間、良い相撲を取ってきたのに、最後にこれではダメ。しっかりと千秋楽まで自分の相撲を貫かないといけない」と苦笑いを浮かべた。

秋場所は番付上位と対戦「いつも通り2桁勝利狙う」

3横綱不在の状況ながら優勝争いに絡む11勝は、大相撲関係者から高い評価を受けた。敢闘賞の受賞も当然だ。今場所の躍進のポイントには、常に攻めに徹したこと、突き押しなど攻めの幅が広がったこと、劣勢でも粘り強く逆転できたことが挙げられる。立ち合いから左上手を狙うパターンで素早く得意の右四つの体勢をつくることができ、スピード感あふれる取組が多かった。攻めの幅が広がり、まわしをつかまなくても、石浦、遠藤らを相手に勝負を決める押し相撲を披露。隠岐の海、栃煌山、妙義龍らベテランの実力者には押し込まれながら、反撃して逆転勝ちを収めた。

一方で、「まだ、立ち合い負けが多い」と課題を挙げる。名古屋場所では4敗のうち、竜電、北勝富士、貴景勝戦で相手のペースとなった。「最初に立ち遅れると、挽回も難しくなる。立ち合いのスピードを上げたり、当たる位置の種類を増やしたりするのはもちろん、本番での集中力も高めていきたいです」と意気込む。

8月の地方巡業では横綱・大関陣から三番勝負やぶつかり稽古の相手に指名され、充実の1カ月を過ごしてきた。9月9日からは、東京・両国国技館で秋場所が始まる。朝乃山にとっては新入幕からちょうど1年になる場所だ。秋場所では初めて前頭1桁台に番付が上がることが予想され、横綱や大関ら三役以上との対戦も経験することになるだろう。

名古屋場所で敢闘賞をダブル受賞した学生時代からのライバル・豊山は、既に上位陣との対戦を経験している。夏場所では横綱・白鵬《はくほう》(宮城野部屋)と善戦し、名古屋場所では優勝の御嶽海を千秋楽で破った。「豊山は強かったですね。横綱・三役と対戦したことが良い経験になっているんだと思います。僕もようやく、そういった経験をできるので、負けていられないなと、闘争心があふれ出てきています」

豊山は春場所での前頭11枚目から夏場所では前頭3枚目に上がり、2勝13敗と大きな壁にぶち当たった。朝乃山も秋場所では番付上位との対戦が続き、簡単に勝たせてもらえる取組は少なくなる。高砂親方も「まだ相撲が甘い。秋場所は厳しいものになる」と語るほど簡単な世界ではない。「僕も壁にはね返されるかもしれませんが、それはそれで収穫できるものも大きいと思います。負け越したとしても、豊山のように再び番付を上げてくればいいくらいの感覚でいます。いつも通り、2桁勝利を目指して頑張ります」と素直な思いを明かす。

横綱との対戦に、富山のファンも期待が膨らむだろう。朝乃山は「テレビ中継の時間帯が遅くなりますけど、楽しく応援してほしいです」と笑いつつも、「金星は狙っていきます。豊山よりも先に横綱に土をつけたいですね」と気合は十分だ。

今年初めに掲げた目標は「三役昇進」。秋場所では、目標達成のためには必ず倒さなければならない関取衆との対戦が待っている。相撲界を引っ張っていける存在になるために、真価を問われる秋場所で、堂々と〝自分の相撲〟を取り切ることができるか。

2018年 夏場所
西前頭12枚目

5月に東京・両国国技館で行われた大相撲夏場所。朝乃山は序盤3連勝と完璧な相撲を見せるも、終盤はけがの影響で黒星が先行し、7勝8敗と3場所ぶりの負け越しに。幕内5場所目を終え、番付はやや足踏み状態となった。

2018年夏場所千秋楽、朝乃山（右）を攻め
寄り切りで破る錦木＝東京・両国国技館

初日から3日間は、相手を寄せ付けない完璧な相撲で3連勝スタートを切った。どの取組も得意の右四つの形で寄り切り、自他ともに評価する内容だった。

4日目、5日目は敗れたものの納得のできる敗戦だった。6日目は小結を経験した若手ホープの貴景勝《たかけいしょう》（西前頭10枚目・貴乃花部屋）と初顔合わせ。左右2発の張り手を食らいながらも相手の動きをよく見て、前に出てきたところを左からはたき込んだ。7日目は苦手意識のある大奄美《だいあまみ》（東前頭11枚目・追手風部屋）には押し出しで勝った。

だが、10日目の安美錦《あみにしき》（西前頭16枚目・伊勢ケ浜部屋）戦で痛めた左足首のけがが、体の動きを鈍らせた。

千秋楽の対戦相手は、幕内での対戦成績は4戦負けなしと相性の良い錦木《にしきぎ》（東前頭17枚目・伊勢ノ海部屋）だったが立ち合い後の圧力をかける一歩が出ない。不利な体勢のまま約30秒の静止が続き、先に動いて上体が伸びたところで逆に左上手を許し寄り切られた。

「多くのファンが応援してくれていた。勝ち越せれば一番良かったが、休場せずに土俵に立ち続けて良かった。休んだ方が、悔いが残ったかもしれない」と話した。

夏場所に向けた最終調整で、左からの攻めを重視した稽古を繰り返す朝乃山＝東京・高砂部屋

大相撲夏場所（5月場所）
朝乃山（西前頭12枚目）の取組結果

幕内	取組力士		勝敗	決まり手
初日	石浦《いしうら》	東前頭13枚目	○	寄り切り
2日目	千代の国《ちよくに》	西前頭11枚目	○	寄り切り
3日目	碧山《あおいやま》	西前頭13枚目	○	寄り切り
4日目	佐田の海《さだうみ》	東前頭14枚目	●	突き落とし
5日目	栃煌山《とちおうざん》	東前頭15枚目	●	寄り切り
6日目	貴景勝《たかけいしょう》	西前頭10枚目	○	はたき込み
7日目	大奄美《だいあまみ》	東前頭11枚目	○	押し出し
中日	妙義龍《みょうぎりゅう》	東前頭16枚目	●	寄り倒し
9日目	旭大星《きょくたいせい》	西前頭15枚目	○	寄り切り
10日目	安美錦《あみにしき》	西前頭16枚目	●	肩透かし
11日目	千代丸《ちよまる》	西前頭7枚目	●	押し出し
12日目	荒鷲《あらわし》	東前頭12枚目	○	寄り切り
13日目	豪風《たけかぜ》	西前頭14枚目	●	はたき込み
14日目	輝《かがやき》	西前頭8枚目	●	押し出し
千秋楽	錦木《にしきぎ》	東前頭17枚目	●	寄り切り

7勝8敗で３場所ぶりの負け越し

2018年 春場所

西前頭13枚目

2018年3月大相撲春場所。朝乃山は8勝7敗で2場所連続の勝ち越しを果たし、いよいよ幕内に定着してきた。この年、掲げた目標は「三役昇進」。目標達成には、厚い壁が立ちはだかる。恵まれた体格と四つ相撲の強さから、大相撲界の若手ホープとして期待する声は大きい。日々の稽古で弱点を克服し成長につなげてゆく。

2018年春場所13日目、朝乃山（奥）が下手投げで隠岐の海を破る＝エディオンアリーナ大阪

学生時代から右四つ相撲を磨き上げてきた朝乃山。角界入り後も、右四つ相撲から寄り切りが決まり手の約半数を占めてきた。ところが、この場所での八つの白星のうち、寄り切ったのは7日目の栃煌山《とちおうざん》（東前頭11枚目・春日野部屋）戦のみ。

「すぐにまわしを取りにいかず、意識的に相撲の幅を広げるようにしていました」と話す。

初日黒星で迎えた春場所2日目は、通算2戦2敗と相性の悪い琴勇輝《ことゆうき》（西前頭12枚目・佐渡ケ嶽部屋）に対し、まわしにこだわらずに突き押しで押し出した。3日目は、小兵力士・石浦《いしうら》（東前頭12枚目・宮城野部屋）の再三のもぐり込みを突っ張りで起こしながら、最後はタイミング良くはたき込んだ。9～11日目は大奄美《だいあまみ》（東前頭16枚目・追手風部屋）、英乃海《ひでのうみ》（西前頭16枚目・木瀬部屋）、妙義龍《みょうぎりゅう》（西前頭15枚目・境川部屋）を相手に3連勝。

春場所一番の屈辱的な敗戦は、7勝4敗と勝ち越しに王手をかけて臨んだ12日目。同級生の大栄翔《だいえいしょう》（西前頭8枚目・追手風部屋）に、「下からこられて圧倒された」という突っ張りで押し込まれ、最後は右の強烈な喉輪で仰向けに押し倒された。

「押し込まれると焦って何もできなくなる。引いてしまったり、無理やり投げてしまったりすることが悪い癖になってしまいました」

「本場所ごとに課題を見つけ、それを改善できるように稽古し、次の本場所で克服して成長する。ここ（大相撲）で生きていくためには、この繰り返しだと思っています」。朝乃山の言葉通り、確かな成長と克服すべき課題がある。

大相撲春場所（3月場所）
朝乃山（西前頭13枚目）の取組結果

幕内	取組力士		勝敗	決まり手
初日	大翔丸《だいしょうまる》	東前頭13枚目	●	押し出し
2日目	琴勇輝《ことゆうき》	西前頭12枚目	○	押し出し
3日目	石浦《いしうら》	東前頭12枚目	○	はたき込み
4日目	勢《いきおい》	東前頭14枚目	●	寄り倒し
5日目	錦木《にしきぎ》	西前頭14枚目	○	すくい投げ
6日目	碧山《あおいやま》	東前頭17枚目	●	押し出し
7日目	栃煌山《とちおうざん》	東前頭11枚目	○	寄り切り
中日	蒼国来《そうこくらい》	東前頭15枚目	●	上手投げ
9日目	大奄美《だいあまみ》	東前頭16枚目	○	押し出し
10日目	英乃海《ひでのうみ》	西前頭16枚目	○	上手出し投げ
11日目	妙義龍《みょうぎりゅう》	西前頭15枚目	○	引き落とし
12日目	大栄翔《だいえいしょう》	西前頭8枚目	●	押し倒し
13日目	隠岐の海《おきのうみ》	東前頭9枚目	○	下手投げ
14日目	豊山《ゆたかやま》	西前頭11枚目	●	はたき込み
千秋楽	竜電《りゅうでん》	西前頭9枚目	●	寄り切り

8勝7敗で2場所連続の勝ち越し

2018年初場所

西前頭16枚目

2018年1月の大相撲初場所。連日、満員札止めの大盛況が続いた国技館は、けがから復活した栃ノ心《とちのしん》の平幕優勝に沸いた。

年男、朝乃山は初日からの怒涛の6連勝もあり、9勝6敗で2場所ぶりの勝ち越しを果たし、1年間の新たな戦いに向けて好発進を切った。

2018年初場所14日目、朝乃山（右）が寄り倒しで千代翔馬を破る＝東京・両国国技館

朝乃山は初場所初日からの圧巻の6連勝で、序盤戦の主役の一人となった。

2日目から6日目。持ち味の「前に出る相撲」で勝ち星を積み重ね、4日目は豊山《ゆたかやま》（西前頭14枚目・時津風部屋）と相まみえ、寄り切った。5日目は旭大星《きょくたいせい》（西十両筆頭・友綱部屋）に圧勝。6日目は石浦《いしうら》（東前頭15枚目・宮城野部屋）の懐へ入ってくる動きに突っ張りで対抗し、最後は押し出した。

6日目を終わって、全勝は横綱・鶴《かく》竜《りゅう》（井筒部屋）、関脇・御嶽海《みたけうみ》（出羽海部屋）、西前頭3枚目の栃ノ心《とちのしん》（春日野部屋）、朝乃山の4人だけになったが、迎えた7日目からまさかの4連敗。11日目に蒼国来《そうこくらい》（東前頭12枚目・荒汐部屋）から7勝目を挙げたが、12、13日目と続けて給金相撲に敗れて7勝6敗で迎えた14日目。勝てば2場所ぶりの勝ち越し、負ければ7勝7敗で翌日の千秋楽に臨まなければいけない。

相手は、モンゴル出身の千代翔馬《ちよしょうま》（東前頭7枚目・九重部屋）。初顔合わせながら、出稽古を受け、取り口は分かっていた。互いにゆったりとした仕切りから先に拳をつけ、千代翔馬の鋭い立ち合いを受け止めると、得意の右差しで深くまわしをつかんだ。応戦する千代翔馬の小手投げを下半身の踏ん張りで耐えしのぎ、最後はもろ差しで出て寄り倒した。千秋楽は、豪風《たけかぜ》（東前頭13枚目・尾車部屋）と対戦し、突き落としで白星を得た。

春場所への課題には「集中力と精神面の強さ」を挙げる。技術面での改善ポイントも見えた。「立ち合いからの攻撃パターンをもっと増やしたい。稽古の土俵で技を磨くしかありませんね」

大相撲初場所（1月場所）
朝乃山（西前頭16枚目）の取組結果

幕　内	取組力士		勝敗	決まり手
初　日	大奄美《だいあまみ》	東前頭17枚目	○	上手投げ
2日目	錦木《にしきぎ》	西前頭15枚目	○	寄り切り
3日目	竜電《りゅうでん》	東前頭16枚目	○	寄り切り
4日目	豊山《ゆたかやま》	西前頭14枚目	○	寄り切り
5日目	旭大星《きょくたいせい》	西十両筆頭	○	寄り切り
6日目	石浦《いしうら》	東前頭15枚目	○	押し出し
7日目	大栄翔《だいえいしょう》	西前頭13枚目	●	押し出し
中　日	輝《かがやき》	西前頭12枚目	●	上手投げ
9日目	阿炎《あび》	東前頭14枚目	●	引き落とし
10日目	大翔丸《だいしょうまる》	西前頭11枚目	●	押し出し
11日目	蒼国来《そうこくらい》	東前頭12枚目	○	押し出し
12日目	琴勇輝《ことゆうき》	東前頭11枚目	●	押し出し
13日目	千代丸《ちよまる》	西前頭9枚目	●	引き落とし
14日目	千代翔馬《ちよしょうま》	東前頭7枚目	○	寄り倒し
千秋楽	豪風《たけかぜ》	東前頭13枚目	○	突き落とし

9勝6敗で2場所ぶりの勝ち越し

2017年 九州場所

西前頭11枚目

２０１８年11月の九州場所（福岡国際センター）。15日間満員御礼の盛況ぶりとは対照的に、幕内2場所目に臨んだ朝乃山は5勝10敗と苦戦。17年は幕下優勝に始まり、関取として十両、幕内へと駆け上がったがデビュー以来11場所目で初の負け越しとなった。

2017年九州場所千秋楽、千代丸（左）の攻めをこらえる朝乃山＝福岡国際センター

新入幕ながら、先場所で敢闘賞を獲得し、大相撲ファンの期待も集める中で迎えた九州場所。初日、左四つの隠岐《おき》の海《うみ》（東前頭12枚目・八角部屋）を鋭い踏み込みからのもろ差しで寄り切った。「前に出る相撲が取れた」と自身も認める好スタートを切った。文句のない完璧な相撲に九州場所での快進撃も予感させたが、2日目から暗雲が立ち込め、まさかの4連敗を喫した。どの取組も体を浮き上がらされたことが敗因で、遠藤《えんどう》（東前頭9枚目、追手風部屋）戦後は自身初の4連敗に「情けない」と落ち込んだ表情を見せた。

6日目に連敗を止める。安美錦《あみにしき》（西前頭13枚目・伊勢ケ浜部屋）に豪快な上手投げで土をつけた。得意の右四つで二つ目の白星を手にし、落ち着いた取口を取り戻すかに見えたが、7日目以降、やはり波に乗れず、5勝10敗。デビューから11場所目で初めての負け越しだった。そのうち7敗の決まり手が、寄り切りだった。攻め込みながらも次第に腰が高くなり、踏ん張れないまま土俵を割る日が続いた。

対戦した関取のうち、元三役経験者は9人。幕内2場所目の新鋭とは実力の差を見せつけられた。厳しい大相撲の世界で、「幕内定着」の目標を掲げる。

部屋頭として後輩を指導する朝乃山

大相撲九州場所（11月場所）
朝乃山（西前頭11枚目）の取組結果

幕内	取組力士		勝敗	決まり手
初日	隠岐の海《おきのうみ》	東前頭12枚目	○	寄り切り
2日目	勢《いきおい》	西前頭10枚目	●	押し出し
3日目	輝《かがやき》	西前頭12枚目	●	寄り切り
4日目	大栄翔《だいえいしょう》	西前頭9枚目	●	寄り倒し
5日目	遠藤《えんどう》	東前頭9枚目	●	寄り切り
6日目	安美錦《あみにしき》	西前頭13枚目	○	上手投げ
7日目	妙義龍《みょうぎりゅう》	西前頭15枚目	●	寄り切り
中日	豪風《たけかぜ》	東前頭13枚目	○	寄り切り
9日目	錦木《にしきぎ》	東前頭15枚目	○	上手投げ
10日目	大奄美《だいあまみ》	西前頭14枚目	●	寄り切り
11日目	碧山《あおいやま》	東前頭11枚目	○	寄り切り
12日目	栃ノ心《とちのしん》	西前頭6枚目	●	寄り切り
13日目	魁聖《かいせい》	東前頭10枚目	●	寄り切り
14日目	琴勇輝《ことゆうき》	東前頭14枚目	●	押し倒し
千秋楽	千代丸《ちよまる》	西前頭8枚目	●	寄り切り

5勝10敗で初の負け越し

2017年秋場所11日目、朝乃山（右）が魁聖を寄り切りで破る＝東京・両国国技館

2017年秋場所

東前頭16枚目

2017年9月に東京・両国国技館で行われた大相撲・秋場所。3横綱、2大関が休場する異常事態の中、番付上位陣を脅かす新鋭力士たちの活躍が本場所を盛り上げた。幕尻の前頭16枚目で新入幕を果たした朝乃山も、その一人として存在感を発揮した。入門以来10場所連続の勝ち越しではとどまらず、優勝争いにも絡む10勝5敗。さらに「敢闘賞」も獲得した。

ただ一人の新入幕となり、幕尻の前頭16枚目に入った2017年秋場所。朝乃山は前に出る相撲で、3勝3敗からは圧巻の5連勝。得意の右四つに持ち込むまでの幅広い戦いぶりで稽古の成果を見せた。11日目の魁聖《かいせい》(西前頭13枚目・友綱部屋)戦では、自分より30kg重い相手に正面からぶつかり、得意の右四つからのがぶりよりで寄り切った。12日目は黒星となったものの13日は大栄翔《だいえいしょう》(東前頭11枚目・追手風部屋)に勝利。この日まで2敗だった大関・豪栄道《ごうえいどう》(境川部屋)が敗れて3敗に。優勝争いは、4敗の横綱・日馬《はるま》富士《ふじ》(伊勢ヶ浜部屋)と朝乃山を加えた3人に絞られた。

14日目の朝乃山の相手は、2場所連続で2桁勝利を収めた東前頭3枚目の阿武咲《おうのしょう》(阿武松部屋)。異例の幕尻と前頭上位の対戦は、阿武咲の圧力のある押し相撲を受け黒星となった。優勝争いからは外れたが、千秋楽では千《ち》代大龍《よたいりゅう》(西前頭3枚目・九重部屋)を押し出しで勝利。優勝争いにもからむ10勝5敗の成績により「敢闘賞」を獲得した。

大相撲秋場所（9月場所）
朝乃山（東前頭16枚目）の取組結果

幕内	取組力士		勝敗	決まり手
初日	蒼国来《そうこくらい》	東十両筆頭	○	寄り切り
2日目	遠《えん》藤《どう》	東前頭14枚目	●	はたき込み
3日目	豊《ゆたか》山《やま》	西前頭15枚目	○	押し倒し
4日目	徳勝龍《とくしょうりゅう》	東前頭15枚目	●	突き落とし
5日目	隠岐の海《おきのうみ》	西前頭14枚目	○	下手ひねり
6日目	大翔丸《だいしょうまる》	東前頭12枚目	●	突き落とし
7日目	大奄美《だいあまみ》	東十両3枚目	○	すくい投げ
中日	佐田の海《さだのうみ》	西前頭12枚目	○	寄り切り
9日目	千代丸《ちよまる》	西前頭11枚目	○	押し出し
10日目	錦《にしき》木《ぎ》	東前頭13枚目	○	上手投げ
11日目	魁《かい》聖《せい》	西前頭13枚目	○	寄り切り
12日目	荒《あら》鷲《わし》	西前頭9枚目	●	寄り切り
13日目	大栄翔《だいえいしょう》	東前頭11枚目	○	浴びせ倒し
14日目	阿武咲《おうのしょう》	東前頭3枚目	●	押し出し
千秋楽	千代大龍《ちよたいりゅう》	西前頭3枚目	○	押し出し

10勝5敗で敢闘賞

秋場所の三賞力士。（左から）殊勲賞の貴景勝、敢闘賞の阿武咲と朝乃山、技能賞の関脇・嘉風＝東京・両国国技館

朝乃山インタビュー

幕内新鋭

ティーズシーン　2017年11・12月号再録

「目立ちすぎ。やらかしてしまった」

石川雅浩（編集局報道センター）

秋場所の番付発表があった8月28日。朝乃山が目覚めると、既に高砂部屋の弟子たちが両国国技館から番付表の束を引き揚げ、部屋関係者へ送付するための作業を進めていた。その中の1枚を手に取ると、自らのしこ名「朝乃山英樹」の文字は、東幕内の左端（幕尻に当たる前頭16枚目）にあった。昨年春場所の初土俵から10場所目にして幕内昇進が決まった瞬間だった。

7月の名古屋場所では11勝4敗の好成績ながら幕内昇進が即確定したわけではなかっただけに、「名古屋の後は幕内になれるか分からなかったが、無事に上がれて良かった。（十両の時よりも）番付表のしこ名の文字が大きくなったのでうれしいです」と喜んだ。

「まずは、勝ち越しできるように頑張りたい。そして、幕内に定着していきたいです」

その日の午前中に高砂部屋で開かれた記者会見。高砂親方（元大関・朝潮）と並んで報道陣の質問を受けた朝乃山は、こう目標を語った。

秋場所ではただ一人の新入幕となり、さらには最下位の前頭16枚目に入った。つまり、幕内に定着するためには本場所で勝ち越し、番付を上げるしかない。もし、自身初の負け越しとなれば、11月の九州場所ではすぐに十両へ陥落することを意味していた。この条件下では、最も素直な目標だった。

前に出る相撲で「給金相撲」制す

番付発表から2週間後、9月10日に初日を迎えた秋場所。勝ち越しの懸かった「給金相撲」は11日目にやってきた。3勝3敗からの4連勝で星を一気に伸ばし、心・技・体がそろって勢いに乗っていた。相手は、2場所ぶりに返り入幕を果たした魁聖《かいせい》（西前頭13枚目・友綱部屋）。名古屋場所では自身より約30kg重い192kgの体で寄り切られ、初日からの連勝を8で止められた相手だ。そんな悪いイメージが頭をよぎったばかりか、この日の朝稽古で高砂親方から「相手は大きいから、懐に入って横から攻めなさい」と珍しく消極的なアドバイスを受けていた。

「立ち合いからどのように攻めるのが良いか…？」。作戦を決めるのに、悩んだ。しかし、選んだ結論は、持ち前の「前に出る相撲」。つまり、正面からぶつかる真っ向勝負だった。土俵に上がると、冷静に集中を高めた。先に両拳を土俵につけた魁聖をじりじりと待たせながら、立ち合いは自分のペースで踏み込んでいった。ぶつかった瞬間にすかさず右を差すと、がぶり寄りで前へ押し込み、左上手も引いた。得意の右四つの形から、右のかいなを返して相手の左上手を巧みに切ると、再度のがぶり寄りで土俵外へ追いやった。魁聖のがっくりと肩を落とした姿が示すように、反撃の隙さえ与えない完勝だった。

「僕は相撲が下手なので。（親方の指示通りに）横に回って攻めることは技術的にできませんでした。後手に回らないように、自分から攻めることができたのが勝因です」。魁聖との一番で8勝3敗の勝ち越しを決めた後、支度部屋では20人以上の報道陣に囲まれ、「9番、そして10番。一つずつです」と、その先の2桁勝利を見据えた。

この言葉通り、さらに二つの白星を積み上げる千秋楽までの4日間を迎える。12日目は荒鷲《あらわし》（西前頭9枚目・峰崎部屋）戦。「立ち合いの駆け引きにやられた」と悔やむ痛い黒星を喫した。右の相四つとなる荒鷲に対して最初から突っ張っていく作戦だったが、「待った」をされたと勘違いするほどに相手が踏み込んでこなかった。「あれ？」と一瞬腰高になったところを下から組み上げられた。下手投げを何とかこらえたものの、最後は不利な体勢を立て直すことができないまま敗れた。

13日目。2敗の大関・豪栄道《ごうえいどう》（境川部屋）を、朝乃山も含めた4敗力士10人が追う展開となっていた。同じく4敗で同い年対決となる大栄翔《だいえいしょう》（東前頭11枚目・追手風部屋）と対戦。立ち合いから互いに突っ張りと喉輪の応酬となったが、右差し左上手の得意の相撲に持ち込み、土俵際の浴びせ倒しで白星を手にした。この日、単独トップの大関・豪栄道が敗れて3敗に。追いかけていた4敗勢は横綱・日馬富士《はるまふじ》（伊勢ケ濱部屋）と朝乃山だけが勝利し、優勝争いは星差1の3人だけに絞られた。

新入幕優勝の可能性を残した朝乃山。日本相撲協会幹部も期待感を表し、14日目の朝稽古には多くの報道陣が詰めかけた。優勝や三賞に話題が及んでも、「ないですよ。横綱、大関たちがいたら4敗は優勝争いにいない。（この優勝争いに絡んでいる状況は）自分が一番びっくりです」と笑みを浮かべ、無欲を強調した。14日目は、新入幕から2場所連続で2桁勝利を挙げる

21歳のホープで、今場所5敗の阿武咲《おうのしょう》(東前頭3枚目・阿武松部屋)と組まれた。本来ならあり得ない幕尻と前頭上位との対戦に、「正直、ひどいな」と苦笑いを見せた。

迎えた本割。横綱・日馬富士や関脇陣を倒してきた阿武咲。幕尻ながら優勝争いを演じる朝乃山。観客席からひと際大きな歓声が送られた一番。朝乃山は新十両だった今年3月の春場所では上手出し投げで勝っていただけに、「(押しの阿武咲に対して)うまく押し返していければ、勝利につながる」と意気込んで臨んだ。

しかし、だ。勝負は、あっという間に決してしまった。朝乃山は左のおっつけと右の喉輪で攻め立てられると、圧力のある押し相撲をまともに受け、なすすべなく押し出された。「今場所で一番きれいな押し相撲で勝てた」と会心の相撲を語る相手に対して、朝乃山は悔しさのあまり支度部屋での取材にはノーコメント。「(千秋楽は)自分の相撲をするだけ」と一言だけ残し、国技館を後にした。

優勝争いから外れ、気持ちを切り替えて迎えた千秋楽。昼に開かれた三賞選考委員会で「千秋楽で勝って、10勝5敗となれば」との条件付きで三賞の一つ「敢闘賞」の受賞が内定した。しかし、取組前までに朝乃山の耳にその知らせは入らなかった。周囲に期待させられていた分、「やっぱり三賞は無理か。最後は前に出て攻めて、勝ち切ろう」と土俵に上った。その言葉通り、小結の経験もある千代大龍《ちよたいりゅう》(西前頭3枚目・九重部屋)を前に出ながらの一気の押しで後退させ、引き技に乗じて押し出した。

笑顔で番付表を指さす朝乃山(右)と高砂親方
県出身22年ぶりの幕内力士となった。=東京都・高砂部屋

支度部屋への花道を引き返すと、テレビ中継のインタビュールームへ呼ばれた。ここで敢闘賞の受賞が告げられた。「今場所はせめて勝ち越しができればと思っていたので、(10勝と敢闘賞獲得は)自分が一番驚いています」と語った。

得意の形こだわらず
攻め方の幅を広げる

千秋楽翌日、高砂部屋を訪れた。秋場所を振り返ってもらうと、「前に出る相撲で勝つことができた。得意の四つ相撲へ持っていくまでの戦い方の幅を広げることもできました」と納得の言葉が返ってきた。

十両までは立ち合い後すぐに右四つ左上手の形にできたが、幕内では突っ張りや喉輪などで簡単に組ませてもらえないことは分かっていた。高砂親方からも「立ち合いがすべて」と指導を受けていた。そこで、新入幕決定後の稽古では、得意の形にこだわらず、突っ張りやはず押しなどの攻め方を増やすことを追求してきた。近畿大から同期入門した幕下・玉木《たまき》が突き押しが得意な力士だったこともあり、日々の稽古で対策は万全に積むことができた。

その稽古の成果は本場所を通して表れ、勝利を収めた10番はすべて前に出る相撲が取れていた。立ち合いで突っ張りや喉輪を受けても、長い腕を生かして突っ張り返していき、最終的には右四つの体勢に持ち込むシーンが目立った。投げ技で勝利した5日目の元関脇・隠岐の海《おきのうみ》(西前頭14枚目・八角部屋)戦、7日目の大奄美《だいあまみ》(東十両3枚目・追手風部屋)戦は土俵際まで追い込まれても、逆転させる余裕も見られた。さらには、黒星がついた2日目の遠藤《えんどう》(東前頭14枚目・追手風部屋)、4日目の近畿大の先輩・徳勝龍《とくしょうりゅう》(東前頭15枚目・木瀬部屋)、6日目の大翔丸《だいしょうまる》(東前頭12枚目・追手風部屋)との一番も前に出たところをはたき込みや突き落としでやられたもの。決して後ろへ下がって喫した敗戦ではなかった。

ライバル豊山を下し
来場所の番付逆転へ

秋場所のベスト取組を聞いてみた。すると、高校時代からのライバル・豊山《ゆたかやま》(西前頭15枚目・時津風部屋)と対戦した3日目の取組を挙げた。「やっぱり、あいつだけには負けたくないっす」。このライバル心はずっと燃えたぎっているものだ。取組では豊山から強い喉輪攻めと左差しで押し込まれたものの、後方へ引くことなく耐えた。その後は右四つに持ち込めずとも左はずから強烈に突き押し、最後は押し倒しで土俵に転がした。「取組前の声援はあいつ(豊山)の方が大きかったので、なにくそという気分だった。気持ち良い勝負ができた」と、してやったりの表情を浮かべた。

秋場所を終え、豊山は4勝11敗で十両へ再び陥落することが決まった。昨年春場所の三段目付け出しデビューで共に歩み出したものの、「十両昇進」「幕内昇進」ともに豊山に先を越され、ずっと悔しい思いをしてきた。「番付で一枚でも上回りたい」と対抗心を燃やしてきたが、次の九州場所では初めて番付表の上位に位置することができる。「豊山が再び幕内に上がってくるころには、差をつけていたい」と意気込む。

新入幕場所でいきなりの優勝争いと敢闘賞獲得を果たし、全国区の知名度を得た朝乃山。秋場所後には故郷・富山へ帰省し、地元のフィーバーを肌で感じた。4日間の富山滞在で、新聞社、テレビ局などのほか、富山県庁や富山市役所などを訪問。富山県からは「地域貢献イメージアップ大賞」の表彰を受けた。富山北消防署では「一日消防署長」を務め、署員の装備を確認する点検、放水訓練の指揮などを行った。敬礼を忘れてしまい苦笑いするシーンや、写真撮影で抱きかかえた赤ちゃんが泣き出し戸惑う場面も。関取を一目見ようと周囲に集まったファンからは「かわいい」と笑いが起き、サインを求める行列ができた。4日間の休息を終え、新幹線で帰京する際には、富山駅の土産物店で多くのファンに囲まれ、握手や記念撮影に応じた。

稀勢の里の胸借りる「天と地の差あった」

つかの間の休暇で英気を養い、10月に入ると、幕内関取として次なる戦いが始まった。1日は東京・浅草の浅草寺で行われた「赤い羽根共同募金運動」のキックオフイベントに、秋場所三賞の貴景勝《たかけいしょう》(貴乃花部屋)や阿武咲と共に参加。2日には両国国技館で開催された大相撲の第76回全日本力士選士権に出場し、幕内トーナメントでベスト4。1回戦、2回戦を勝ち上がり、準々決勝では大翔丸を寄り切りで破った。準決勝は、3場所連続休場からの復帰を目指す横綱・稀勢《きせ》の里《さと》(田子ノ浦部屋)と対戦し、寄り切られた。「横綱の体は厚みがあり、すごかった。天と地の差があった」と振り返った。

10月5日からは幕内力士として初めての秋巡業に臨んだ。ここで〝まさかの出来事〟が起こった。3日前の全日本力士選士権で初対戦したばかりの稀勢の里から「期待の若手だから」と目をかけられ、今巡業の相棒に指名された。稀勢の里にとっては約1カ月ぶりとなる関取衆相手の稽古。横綱が巡業初日から土俵稽古を行うのは珍しいことだ。初日の千葉県・八千代巡業では17番連続で取り、稀勢の里の15勝。朝乃山はけんか四つとなる横綱に左差しを許し、すくい投げや寄りで圧倒された。2勝を挙げ、右を差し勝ち一気に寄り切る力を持っていることも証明したが、呼吸を荒げて四つんばいから立ち上がれなくなり、横綱に背中をたたかれる場面もあった。2日目の横浜巡業では18番取って、朝乃山の6勝12敗。横綱得意の左差しを封じるなど内容を改善させた。その後も稀勢の里と胸を合わせる日々が続き、巡業後半には横綱・白鵬《はくほう》(宮城野部屋)に稽古をつけてもらうこともあった。「やっぱり横綱はどっしりと重たいし、低い」と自身の力不足を痛感した一方で、希望しても実現することは難しい横綱との稽古ができたことに対する充実感もあり、「いい経験をさせてもらいました」と感謝の言葉を口にした。

幕内上位に通用するか 常に「挑戦者」の気持ち

千秋楽翌日、高砂部屋で秋場所を振り返る朝乃山=2017年9月25日

11月12日から大相撲の1年を締めくくる九州場所(福岡国際センター)が始まる。ちょうど1年前の九州場所は幕下14枚目で5勝2敗とまだまだ新弟子レベルだったが、出世街道をまっしぐらに駆け上がってきた。身長188cm、165kgとスケールが大きく、正統派の四つ相撲を極めていくスタイルは、角界でも将来性を期待される存在になってきた。九州場所では前頭10枚目前後に番付が上がると予想される。入門からの10場所連続で達成している勝ち越しを何場所まで伸ばしていくのかも注目される。「雰囲気にのまれないようにして、まずは勝ち越しを目標にする。そして、幕内定着、さらには三役昇進を目指していきます」

朝乃山の性格はおとなしいイメージが強いが、お茶目な部分もある。「目立つのはあまり好きじゃない」と常々話す一方で、新入幕の秋場所で大注目を集めたことについては「新入りなのに優勝争いや三賞獲得があり、『目立ちすぎで、本当は、やらかしてしまった』と思っています。もう少し静かにいきたかったです」と素直な気持ちを話す。しかし、目立って騒がれたくなくても、好成績を出せば自然に注目されるのが、大相撲に限らずプロスポーツ選手の宿命だ。

幕内上位にどこまで通用するか――。決して甘い気持ちではいないだろう。プレッシャーの掛かる取組も増えていく中で、力の差を肌で感じる経験もたくさんあるに違いない。ただ、日ごろ自身に言い聞かすように繰り返す「自分は挑戦者」という言葉を忘れずに、挑んでいく心構えが大事だ。

4横綱はいずれも30代で、相撲ファンは若手力士の台頭を望んでいる。その中心で角界を引っ張っていく存在になるべく、三役昇進に向けて番付を上げていくしかない。スピード出世の勢いを緩めず、どこまで成長していくのか。大相撲ファンや富山県民は、誰もが楽しみにしている。

2017年 名古屋場所

十両 西5枚目

2017年7月の名古屋場所では、十両は入幕を巡る激しい取組を繰り広げた。優勝決定ともえ戦までもつれ、幕内に負けず劣らずの盛り上がりを見せた。十両3場所目に臨んだ朝乃山はその中心で存在感を放ち、初日からの8連勝を含む11勝4敗の好成績で優勝争いに絡んだ。

2017年名古屋場所初日、学生時代からのライバル豊山(左)を寄り倒しで破る=愛知県体育館

初日の対戦は、高校時代から宿敵だった豊山《ゆたかやま》(東5枚目・時津風部屋)。学生時代から競い合い、同年の春場所で同じ三段目付け出しでデビュー。初土俵では黒星を喫し、夏場所では入幕も先を越された。名古屋場所の番付発表ではお互いに十両の東西5枚目に肩を並べた。

迎えた初日。立ち合いで右四つの体勢に持ち込むと、まわしを引きつけて追い込み、最後は体を預けて土俵下に寄り倒した。危なげない相撲で初土俵の借りを返すと、この勢いのまま一気の8連勝を飾った。

好調だった相撲には、夏場所後からの課題克服への取り組みが生きた。立ち合いで後手に回ると、右四つ・左上手の得意の形に持っていけなかった反省から、徹底的に四股踏みや体幹トレーニングで体を作った。

成果は目に見えて表れ、10日目の千《ち》代皇《よおう》との取組以外は全て、立ち合いで一歩押し込み、相手のまわしを狙いにいく体勢が整っていた。2連敗で迎えた11日目は、元関脇・妙義龍《みょうぎりゅう》(東4枚目・境川部屋)の勢いのある出足を受け止め、強引に左上手を取った。低い姿勢のまま足でついていき、頭を付けたまま寄り切った。

11勝3敗の単独トップで千秋楽を迎えたが、体重が重く苦手意識のある大奄美《だいあまみ》(東8枚目・追手風部屋)に寄り切られ、優勝の行方は、4敗力士3人による優勝決定ともえ戦に。シード第1戦で豊山を倒した大奄美と再び相まみえた。上手を深く取って引きつけていったが、土俵際での投げの打ち合いになり、最後は右腕一本による下手投げで土俵外へ転がされた。

十両優勝は逃したものの、十両3場所目で11勝4敗の好成績を収めたのは、自信にもなった。

大相撲名古屋場所(7月場所) 十両 朝乃山(西5枚目)の取組結果

幕内	取組力士		勝敗	決まり手
初日	豊《ゆたか》山《やま》	東5枚目	○	寄り倒し
2日目	青《せい》狼《ろう》	西6枚目	○	寄り切り
3日目	安《あ》美《み》錦《にしき》	西4枚目	○	寄り切り
4日目	旭《きょく》大《たい》星《せい》	東6枚目	○	寄り切り
5日目	天《あま》風《かぜ》	東7枚目	○	下手投げ
6日目	琴《こと》恵《え》光《こう》	西7枚目	○	上手投げ
7日目	豊《とよ》響《ひびき》	東2枚目	○	上手投げ
中日	旭《きょく》秀《しゅう》鵬《ほう》	西筆頭	○	寄り切り
9日目	魁《かい》聖《せい》	東筆頭	●	寄り切り
10日目	千《ち》代《よ》皇《おう》	西3枚目	●	押し出し
11日目	妙《みょう》義《ぎ》龍《りゅう》	東4枚目	○	寄り切り
12日目	東《あずま》龍《りゅう》	東3枚目	●	寄り切り
13日目	誉《ほまれ》富《ふ》士《じ》	西10枚目	○	寄り切り
14日目	阿《あ》炎《び》	東14枚目	○	浴びせ倒し
千秋楽	大《だい》奄《あま》美《み》	東8枚目	●	寄り切り

11勝4敗で大奄美、豊山と並び、優勝決定ともえ戦へ進出

優勝決定戦	大《だい》奄《あま》美《み》	東8枚目	●	下手投げ

2017年 富山場所

故郷で初の取組 力と技で観客魅了

2017年8月2日に富山市総合体育館で行われた大相撲の夏巡業「富山場所」には、110人の力士が集結し、富山の土俵を熱くした。激しいぶつかり合いや地元の子どもたちとの触れ合いを通し、相撲の奥深さを伝えた。

心栄ちゃんを抱きかかえて土俵入りする朝乃山＝富山市総合体育館

取組は序二段から始まり、十両終了後、幕内・横綱の土俵入りがあった。横綱白鵬《はくほう》は「不知火《しらぬい》型」の力強い土俵入りを披露。取組では塩を高くまくパフォーマンスで会場を沸かせ、大関豪栄《ごうえい》道《どう》を一気の寄りで破った。白鵬に劣らず会場の大声援を受けた大関高安《たかやす》は関脇玉鷲《たまわし》（現在・前頭）に押し出された。

白鵬 太刀山に思い寄せる

取組の合間には余興で楽しませた。相撲の禁じ手を紹介する「初切《しょっきり》」は、力士2人が相手を蹴り倒したり、口から水を噴き掛けたりして観客の笑いを誘った。「相撲甚句」も披露され、化粧まわしを着けた数人の力士が土俵上で円になり、手拍子をしながら伸びやかな声を響かせた。

取組後、白鵬は「（富山市出身の元横綱）太刀山の古里だからね」と特別な思いで富山場所の土俵に上がったことを明かした。人気の高い勢は「たくさんのファンの方に声を掛けてもらいうれしかった」と話した。

寄り切りで千代丸を下した朝乃山＝富山市総合体育館

朝乃山「一番力が入った」

朝乃山が得意の四つ相撲で幕内人気力士の千代丸《ちよまる》を寄り切ると、場内は一段と大きな歓声と拍手に包まれた。角界入り後、初となる故郷での取組。目の前の地元ファンに白星を届け「皆さんが喜んでくれて良かった」と笑顔を見せた。

「元気よく、思い切り自分の相撲を取る」と臨んだ富山場所。十両土俵入りは、北日本新聞社が贈った出世魚・ブリがあしらわれた化粧まわしを着けて登場。富山商業高校相撲部の先輩、中村淳一郎さんの長女、心栄ちゃん（当時2歳）を抱いて土俵に上がった。

朝乃山は十両ながら取組は幕内の一番目に組み込まれた。立ち合いで右を差し、左上手も取って得意の形に。千代丸に土俵際まで追い込まれたものの余裕を持って押し返し、がぶり寄りで寄り切った。

「大きな声援を受けて今までで一番力が入った」。取組後、花道を引き揚げる途中で顔をほころばせ、ファンの求めるサインに応じていた。

取組後、つめかけるファンのサインに応じる朝乃山＝富山市総合体育館

2017年夏場所2日目、青狼を寄り切りで破る朝乃山＝東京·両国国技館

2017年 夏場所

十両 東7枚目

富山県出身として20年ぶりの関取となり、2017年5月に十両2場所目を迎えた朝乃山。元幕内や十両上位の力士との対決が続き、苦戦を強いられながらも、千秋楽の「給金相撲」で白星を挙げ、8勝7敗の価値ある勝ち越しをつかんだ。

2017年、鮮烈な十両デビューを飾った春場所の後に迎えた夏場所。自信を持って臨んだがプロの世界は思い描いたようには進まなかった。8勝7敗の七つの黒星のうち、六つは幕内経験者から喫した。3日目は、関取最年長38歳の元関脇・安美錦《あみにしき》（西8枚目・伊勢ヶ浜部屋）に喉輪でいなされ、前に出ようとしたところをはたき込まれた。9日目は、元小結・千代鳳《ちよおおとり》（東9枚目・九重部屋）にもろ差しを許して投げを打ち返された。14日目には相四つの佐田《さだ》の海《うみ》（東筆頭・境川部屋）と右を差し合ったが、左上手の攻防はなすすべなく譲り、土俵を割った。

初土俵から7場所連続で勝ち越しを収めてきた朝乃山にとって、千秋楽での「給金相撲」は初めてのこと。相手は5勝9敗と元気のない元幕内・山口《やまぐち》（西4枚目・宮城野部屋）。

自分のペースで立ち合いを仕切ると、相手の前まわしを狙って鋭く踏み込み突き押しを受けながらも押し返し、もろ差しの体勢から一気の攻めで寄り切った。

亡き恩師の浦山英樹さん（母校・富山商高の相撲部元監督）とともに戦った場所でもあった。2勝3敗で迎え、2連勝で星を五分に戻したかった6日目。浦山さんの名前が入った化粧まわしで土俵入りし、「きょうは負けられない」と胸に誓った。

浦山さんの名前が入った化粧まわし

大相撲夏場所（5月場所）
十両 朝乃山（東7枚目）の取組結果

幕内	取組力士		勝敗	決まり手
初日	大《だい》奄《あま》美《み》	西7枚目	●	寄り切り
2日目	青《せい》狼《ろう》	東8枚目	○	寄り切り
3日目	安《あ》美《み》錦《にしき》	西8枚目	●	はたき込み
4日目	東《あずま》龍《りゅう》	西5枚目	●	上手出し投げ
5日目	英《ひで》乃《の》海《うみ》	東5枚目	○	寄り切り
6日目	剣《つるぎ》翔《しょう》	西6枚目	○	下手投げ
7日目	琴《こと》恵《え》光《こう》	西9枚目	○	押し出し
中日	錦《にしき》木《ぎ》	東4枚目	●	寄り倒し
9日目	千《ち》代《よ》鳳《おおとり》	東9枚目	●	下手投げ
10日目	旭《きょく》大《たい》星《せい》	西3枚目	○	寄り切り
11日目	竜《りゅう》電《でん》	東12枚目	○	寄り切り
12日目	旭《あさ》日《ひ》松《しょう》	西13枚目	○	押し出し
13日目	千《ち》代《よ》丸《まる》	東2枚目	●	引き落とし
14日目	佐《さ》田《だ》の海《うみ》	東筆頭	●	寄り切り
千秋楽	山《やま》口《ぐち》	西4枚目	○	寄り切り

8勝7敗で勝ち越し

2017年 春場所
十両 東12枚目

県出身者として20年ぶりの関取となった新十両・朝乃山は、新たな舞台でも得意の右四つ相撲で2桁勝利の快進撃を見せた。ともえ戦による決定戦で敗れ、新十両初優勝の快挙は逃したが、次代を担うスター候補の出現に相撲界は大いに盛り上がった。

2017年春場所初日、終始攻めて北磻磨を圧倒する朝乃山＝エディオンアリーナ大阪

初日は北磻磨《きたはりま》(西11枚目・山響部屋)と当たり、豪快な押し出しでデビュー戦を勝利で飾った。しかし、2日目、3日目と連続で土がついた。幕内経験のある力士に試合巧者ぶりを見せつけられた。4日目は照強《てるつよし》(東14枚目・伊勢ヶ浜部屋)を押し倒して星を五分に戻し、その後4連勝を挙げた。だが、中日の8日目。一場所7番しかない幕下とは違い、15番を毎日取り続ける十両で、疲労から体の動きが鈍くなり3連敗。投げを打たれて体勢を崩された。

10日目の夕方、高砂親方からアドバイスを受けた。「負けた相撲は忘れなさい。大きな体があるんだから、前に出なさい」

琴恵光《ことえこう》(東5枚目・佐渡ヶ嶽部屋)戦の11日目は物言いの末に角界入り後初の取り直しとなった。素早い出足で寄り切った。

12日目の来場所の十両残留を懸けた山口《やまぐち》(東6枚目・宮城野部屋)戦では、体を預けて押し出し、13日目は大奄美《だいあまみ》(東9枚目・追手風部屋)を得意の右四つ相撲で寄り切り。トップに並んだ14日目は、青狼《せいろう》(西10枚目・錣山《しころやま》部屋)のまわしを離すことなく寄り切った。

千秋楽では10勝5敗で3人が並走する大混戦となり、勝負の行方は、優勝決定ともえ戦に。相手は幕内経験もある豊響《とよひびき》(西3枚目・境川部屋)、大砂嵐(東7枚目・大嶽《おおたけ》部屋)。2連勝すれば優勝だったが、初戦で豊響に突き出された。優勝は夢に終わったが、「勝ち越し」で確かな手応えをつかんだ。

ブリの化粧まわしを締め、初めての土俵入り

大相撲春場所(3月場所)
十両 朝乃山(東12枚目)の取組結果

幕内	取組力士		勝敗	決まり手
初日	北磻磨《きたはりま》	西11枚目	○	押し出し
2日目	北太樹《きたたいき》	東11枚目	●	すくい投げ
3日目	旭日松《あさひしょう》	東13枚目	●	押し出し
4日目	照強《てるつよし》	東14枚目	○	押し倒し
5日目	力真《りきしん》	西13枚目	○	寄り切り
6日目	安美錦《あみにしき》	西12枚目	○	寄り切り
7日目	富士東《ふじあずま》	西14枚目	○	押し出し
中日	剣翔《つるぎしょう》	東8枚目	●	上手投げ
9日目	大砂嵐《おおすなあらし》	東7枚目	●	押し倒し
10日目	東龍《あずまりゅう》	西9枚目	●	上手投げ
11日目	琴恵光《ことえこう》	東5枚目	○	寄り切り
12日目	山口《やまぐち》	東6枚目	○	押し出し
13日目	大奄美《だいあまみ》	東9枚目	○	寄り切り
14日目	青狼《せいろう》	西10枚目	○	寄り切り
千秋楽	阿武咲《おうのしょう》	西2枚目	○	上手出し投げ

10勝5敗のトップで優勝決定戦(3力士のともえ戦)へ進出

優勝決定戦	豊響《とよひびき》	西3枚目	●	突き出し

13日目朝日龍（右）をもろ差しから一気に寄り切る石橋（現 朝乃山）＝東京·両国国技館

2017年 初場所
西幕下7枚目

実力者並みいる幕下を制した２０１７年１月の初場所。13日目にモンゴル出身の朝日龍（朝日山部屋）に全勝優勝をかけて対決し寄り切りで快勝。新十両昇進を確実にした。高砂部屋はこの場所、明治時代初期の１８７８年以降初めて不在だった関取が1場所で復活することになった。

大相撲初場所（1月場所）
石橋（西幕下7枚目）の取組結果

幕内	取組力士		勝敗	決まり手
初日	翔《しょう》天《てん》狼《ろう》	東幕下7枚目	○	寄り切り
4日目	天《あ》空《く》海《あ》	西幕下8枚目	○	押し出し
6日目	豊《とよ》ノ《の》島《しま》	西幕下6枚目	○	寄り切り
8日目	明《あき》瀬《せ》山《やま》	西幕下9枚目	○	上手投げ
9日目	北《きた》磻《はり》磨《ま》	東幕下筆頭	○	送り出し
11日目	貴《たか》公《よし》俊《とし》	西幕下30枚目	○	寄り切り
13日目	朝《あさ》日《ひ》龍《りゅう》	東幕下51枚目	○	寄り切り

7勝

先の九州場所では幕下15枚目以内で5番勝ち、自信をつけた石橋（現朝乃山）。西7枚目に番付を上げ、初日は翔天狼《しょうてんろう》（東幕下7枚目・藤島部屋）を寄り切り初白星発進、つづく天空海《あくあ》（西幕下8枚目・立浪部屋）との対戦も押し出しで二連勝となった。

3日目は、元関脇で妻が高岡市出身の豊ノ島《とよのしま》（西幕下6枚目・時津風部屋）。右差しを許してもひるまず挟み付けて前に出て、土俵際でいなされそうになるのを耐え、落ち着いて寄り切った。

9日目は、元幕内力士で東幕下筆頭の北磻磨《きたはりま》を送り出して5連勝。立ち合いは強い当たりで制すると、突っ張りながら前に出た。

11日目は貴公俊《たかよしとし》（西幕下30枚目・貴乃花部屋）を寄り切りで下し全勝まであと一勝となった。富山商業高校時代の恩師で、小学校時代から交流のある浦山英樹相撲部監督（故人）は、自宅で取組を観戦し、「内容もどっしりと落ち着いていた。次戦も落ち着いて臨めば、実力的にもまず負ける要素はない」と語った。

13日目は朝日龍《あさひりゅう》をもろ差しから一気に寄り切り、7勝全勝で来場所の新十両昇進を確実にした。近畿大の先輩でもある師匠の高砂親方は「いい稽古をしている。今場所は攻めていた」と評価し、関取昇進後のしこ名は、頭に「朝」の文字を付けたい考えを示した。

初場所に向けて稽古にはげむ＝東京都墨田区の高砂部屋

ティーズシーン　2017年3・4月号再録

富山から20年ぶりに関取

石橋広暉《ひろき》改め　新十両　朝乃山英樹

横田直（ティーズシーンライター）

高砂部屋へ取材に訪れた2月上旬、石橋改め朝乃山の長髪はまだ、なでつけられていた。関取になって認められる数々の行いのなかに「まげを大銀杏に結う」もある。1年間で十両に到達したスピード昇進を物語る髪型であり、大銀杏を本場所で見られるのは当分先になりそうだ。

若手らが稽古に汗を流すなか、朝乃山は入念に体をほぐし、準備を整える。稽古終盤になって土俵入りし、幕下上位の力士らと体をぶつけ合った。

稽古のさなかも後も、周囲から呼ばれるのはこれまでのしこ名である「石橋」だった。朝乃山としての始まりは2月27日の春場所番付発表からだという。以後は先輩後輩を問わず「朝乃山関」と呼ばれ、風呂も食事も最優先される。幕下以下の力士が共同生活する大部屋から移動し、専用の個室で生活することになる。稽古でも若手に胸を貸していく所存の朝乃山は「僕が新十両、部屋頭として背負っていく」と語気を強めた。

尊敬するのは同じ右四つ相撲の横綱・白鵬《はくほう》（宮城野部屋）。「横綱はすべてそろっている。そろっていないと横綱にはなれない」と、これから自らが目指す道の険しさを示した。この高砂部屋で踏む四股、流す汗の一つひとつが、横綱へとつながっている。

少年期は本腰入らず　浦山さんが徹底指導

石橋広暉は富山市呉羽小学校4年で相撲を始めているが、水泳やハンドボールも好きなスポーツ少年だった。ハンドボールではキーパーを務め、県の強化選手にも選ばれたこともあり、呉羽中学校入学時はハンドボール部に入部した。相撲を続ける意欲はなかった。県内でも強豪のハンドボール部では練習についていけず、数カ月で退部。すかさず、相撲部の顧問や先輩から声が掛かり、入部を決めたが、まだ本腰を入れるまでの心境には到達しない。全国中学生選手権の出場権を獲得した時点で「全中の舞台を花道に相撲はやめよう」と考えていたが、別の大会で左ひじを脱臼骨折し、全中に出場できなくなった。ここで朝乃山の相撲人生が終わることはなかった。いや、むしろ始まった——。

負傷をきっかけに、富山商業高校の相撲部監督・浦山英樹さんから気に掛けられるようになり、しばしば助言をもらった。浦山さんの熱心な誘いもあって、富山商へ進学。高校相撲部の練習は中学以上にハードだったが、やめようとは思わなかった。「せっかく浦山先生に誘ってもらったし、頑張ろうと心を入れ替えました」。中学時代は全国レベルの実績はなかったが、高校3年時、選抜高校相撲十和田大会で準優勝するなど、努力を結果に結び付けた。右四つ左上手を得意とする現在の相撲スタイルが確立したのも高校時代だった。左四つ右上手が得意な浦山さんと相撲をとれば「けんか四つ」になる。2人で稽古を重ねることで、主導権を奪うための鋭い立ち合いが身に付いた。

近畿大に進学すると、食事づくりや洗濯などを1年生が担うことが多かった。「高砂部屋に入った時もほぼ同じことを新弟子としてこなしました。大学で経験しておいてよかったです」と相好を崩す。

角界入りを目指してはいなかったが、2年時に足を負傷した後、肉体改造を始めると、思いのほか体重が増えた。「自分はまだデカくなれるのか」と体格的な自信がつき、プロを意識したことで稽古にも身が入った。団体メンバーとしての活躍から個人での優勝回数も増え、4年時には全日本選手権で4強入りし、2015年に創設された「三段目付け出し」による大相撲デビュー資格を取得。また、同年の和歌山国体でも堀篤史（アイシン軽金属）、黒川宗一郎（同）とともに富山県の団体優勝に貢献した。

悔しい敗戦で　続いた「V逸」

高砂親方（元大関・朝潮）も、高砂部屋の部屋付きである若松親方（元前頭・朝乃若）も近畿大出身。とりわけ若松親方は母校を訪れる機会が多く、指導を受けていたことから、プロ入りするなら高砂部屋と決めていた。高砂親方は「学生相撲を経ており、力士としての完成度は高い。後輩が縁あって入門してきたので、しっかり育てないといけないと思いました」と当時を振り返る。

16年3月1日、22歳の誕生日に部屋での初稽古を行った。翌2日には学生相撲出身力士激励会に出席。着物姿、雪駄履きで公の場に出たのはこれが初めてだった。「これでやっと、お相撲さんになった」と、相撲が自分の職業になったことを自覚した。

新弟子検査を経て、春場所で「石橋」のしこ名で初土俵を踏んだ。1番目の相手は、同期入門の小柳《こやなぎ》（時津風部屋）。金沢学院東高（現金沢学院高）出身で、富山商と合同稽古などを

朝稽古に励む高砂部屋の力士たち

行っていたこともあり、交流があった。小柳も同じ三段目付け出し制度を利用して角界に入門していた。「アマ時代の勝敗は五分五分で、少なくとも苦手意識はない」と語るが、この一番は激しいぶつかり合いの末に寄り切られた。「気分的に落ち込んだということもなく、同級生でライバルである『小柳関』と、初土俵でいい経験ができたと思いました」。

春場所を5勝2敗で終え、夏場所・名古屋場所はいずれも三段目で6勝1敗。全勝優勝を逃す、不完全燃焼な場所が続いた。近畿大の伊東勝人監督からは、プロ入り後も無料通信アプリLINE（ライン）などを介してアドバイスを受けていたが、この時期には「お前は1敗が好きなんだな」とからかわれた。富山商の浦山さんからも「まだ、何かが足りない」との指摘を受けている。当時、自分に何が足りないのかを見つけられなかったという。

幕下に昇進しての秋場所で6勝1敗の成績を挙げ、九州場所は幕下14枚目に。大相撲には幕下15枚目以内で全勝すれば十両昇進という内規があり、「石橋」のモチベーションは上がった。意気込んで3連勝するも、4番目で大きな落とし穴があった。身長168cmと小柄な照強《てるつよし》（伊勢ケ浜部屋）を圧倒したかに見えたが、自身の左足が先に土俵の外へ。勇み足による黒星で十両昇格最初のチャンスを逸した。

「部屋に関取不在」
病床の恩師に届けた初V

5勝2敗に終わった九州場所、当時の高砂部屋の部屋頭で十両の朝赤《あさせき》龍《りゅう》が負け越した。年が変わっての初場所は関取が不在となったが、これは1878年から138年にわたって関取が在籍し続けた高砂部屋にとって前代未聞の事態だった。

一方で、自身は相撲に積極性がでてきたことを実感していた。「勝つにしても負けるにしても、下がってはいけない。たとえ負けても前に出たほうがいい」。「足りない何か」に気付いた「石橋」は初場所で会心の相撲を続けた。高砂親方も「7番とも相撲の流れがスムーズだった」と評価。3番目で元関脇で妻が高岡市出身の豊ノ島《とよのしま》（時津風部屋）を落ち着いた取り口で圧倒し、勢いに乗った。

1月20日、全勝優勝をかけた相手はモンゴル出身の朝日龍《あさひりゅう》（朝日山部屋）。「相撲教習所で対戦した経験があったが、分は悪かった。長身で懐が深く、足技もしぶとい、いやな相手です」。いつも通り、前日に動画をチェック。当日朝もいつも通りの稽古で臨んだが、両国国技館の花道に入ったとたん、緊張がピークに。「優勝と新十両がかかっているとか、相撲以外のことを考えすぎていて……。自分の相撲を貫き通し、最後の一番を楽しくとろうという意識に集中しました」。土俵に上がり、相手の「待った」が一度入った後の立ち合い。低く当たってきた朝日龍をつかまえ、もろ差しから寄り切った。満面の笑みだったが、派手なガッツポーズなどはなし。取組後「自分にしか十両昇進の可能性がないと思い、プレッシャーだった」と漏らすなど、高砂部屋の関取復活を1場所で成し遂げたことに安堵した。

この取組を浦山さんは病床でTV観戦し、見届けた。病魔と闘っていたが、翌21日、がんのため40歳で亡くなった。富山市で営まれた葬儀に参列した際、「石橋」に宛てた遺言が遺族から手渡されている。便箋1枚の短い手紙は書体が震えていたというが、「横綱を目指し、富山のスーパースターになれ」とのエールは読み取ることができた。

今、石橋改め朝乃山は、浦山さんを「一番尊敬していた先生であり選手」と表現する。指導で今も心に残るのは「強い人と対戦したり、試合を見たりする時には、うまいところを盗む。まねではなく、自分のものにする」というもの。朝乃山にとって、その対象はまさに浦山さんその人だった。

「浦山先生を倒したいと思って強くなることができました」

強くなった自分の相撲を体感してもらえない無念さを胸に、"ライバル"の死を悼む朝乃山。だが、今から物語を作るべく、関取としての土俵が待っている。

朝乃山（左）らを見守る高砂親方

2016年 九州場所

東幕下14枚目

2016年九州場所では、なかなか勝てない幕下15枚目以内で、苦戦しつつも5勝2敗の勝ち越しと健闘した。来場所へ向けてしっかり稽古することを誓った。

2016年春場所にデビューして5場所目の石橋(現朝乃山)は、先の秋場所の幕下西36枚目から、同東14枚目に番付を上げ、「しっかり白星を積み重ねて勝ち越す」と挑んだ。

初日の13日、モンゴル出身の竜王浪《りゅうおうなみ》(西幕下14枚目・立浪部屋)を力強く寄り切り、好発進した。鋭い出足で右四つに組み止め、左上手も引いて万全の寄りを見せた。

3日目には、押し相撲を得意とする幕内経験者の鳰《にお》の湖《うみ》(東幕下15枚目・山響部屋)に真っ向勝負を挑み押出しで2連勝。「前に出る相撲が取れた」と満足そうに言った。

さらに5日目、金星や三賞獲得経験のあるベテラン翔天狼《しょうてんろう》(東幕下19枚目・藤島部屋)を相手に力強く押出し3連勝となった。緊張して立ち合いは足が震え、1回目は自ら突っかけたが2回目は力強く当たり、迷いのない出足で一気に勝負をつけた。

8日目、照強《てるつよし》(西幕下9枚目・伊勢ケ浜部屋)戦では勇み足で初黒星を喫した。デビューから5場所連続の勝ち越しを決めるまで、あと一勝となっていただけに、「全勝でいきたかった」と肩を落とした。先場所までと違い、幕下上位ではそう簡単に勝たせてもらえない。続く芝《しば》(西幕下8枚目・木瀬部屋)との取組でも寄り倒しであっけなく土俵下へ。

「受けの相撲になってしまった」と悔しさをにじませた。

師匠の高砂親方や母校の近代相撲部の伊東監督に活を入れられて、気持ちを立て直し、12日目の元十両・出羽疾風《でわはやて》(東幕下12枚目・出羽海部屋)には上手投げを決めて勝ち越しへ。2連敗で足踏みした末の給金直しに「ほっとした」と表情をゆるめた。

14日目は、白鷹山《はくようざん》(西幕下20枚目・高田川部屋)を上手投げで下し、5勝目を挙げ、3月の春場所に三段目最下位格付け出しで、デビューした年の最後の相撲を白星で締めた。「来場所は(幕下の)1桁台に上がれるので良かった」と白い歯をのぞかせた。

相手の突き、押しに後退したものの、きっちりとこらえ、左上手を引くと力強く投げた。十両昇進を目指す来場所以降へ「12月にしっかり稽古したい。甘いところをなくしていく」と話した。

大相撲九州場所(11月場所)
石橋(東幕下14枚目)の取組結果

幕内	取組力士		勝敗	決まり手
初日	竜《りゅう》王《おう》浪《なみ》	西幕下14枚目	○	寄り切り
3日目	鳰《にお》の湖《うみ》	東幕下15枚目	○	押し出し
5日目	翔《しょう》天《てん》狼《ろう》	東幕下19枚目	○	押し出し
8日目	照《てる》強《つよし》	西幕下9枚目	●	勇み足
10日目	芝《しば》	西幕下8枚目	●	寄り倒し
12日目	出《で》羽《わ》疾《はや》風《て》	東幕下12枚目	○	上手投げ
14日目	白《はく》鷹《よう》山《ざん》	西幕下20枚目	○	上手投げ

5勝2敗

2016年の初土俵から九州場所までの成績

	場所	番付	成績
2016年	九州 (11月)	東幕下14枚目	5勝2敗
	秋 (9月)	西幕下36枚目	6勝1敗
	名古屋 (7月)	西三段目11枚目	6勝1敗
	夏 (5月)	東三段目66枚目	6勝1敗
	春 (3月)	東三段目付け出し	5勝2敗

十両以上の力士は関取と呼ばれ、本場所中は15日間取組があり、化粧まわしをつけて土俵入りをする。本場所中には、まげを大銀杏《おおいちょう》に結い、付き人がつくほか、日本相撲協会から月給や手当が支給される。

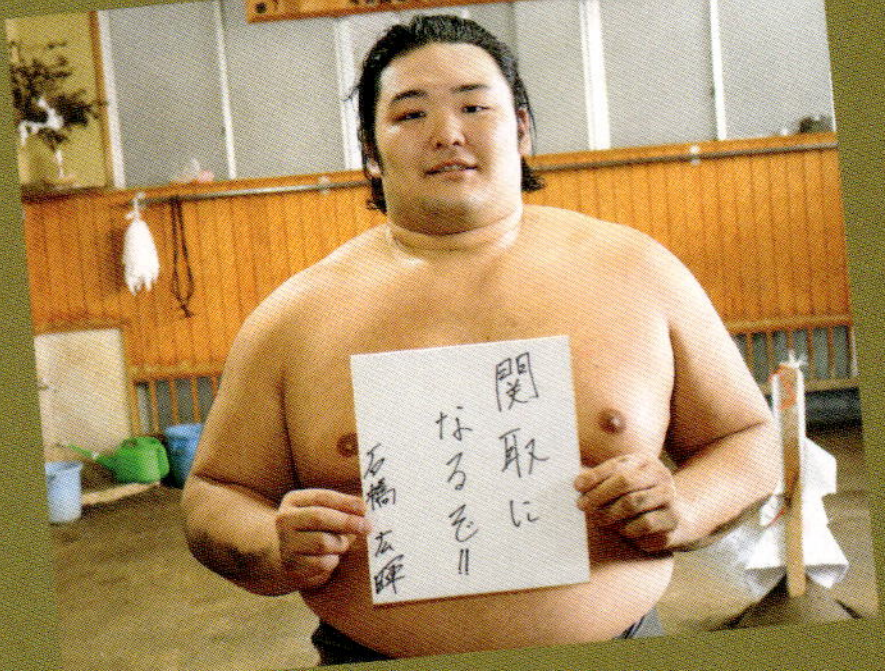

2017年の目標を「関取になるぞ」と色紙に記した石橋(当時)

稽古の様子を見つめる師匠の高砂親方＝東京・高砂部屋

歓喜に沸くふるさと

「日本一」「歴史つくった」拍手と歓声

朝乃山が優勝を決めた2019年5月25日。快挙の瞬間に、地元の富山市呉羽地区だけでなく県内各地で歓声があがった。優勝を祝うムードは翌月6月に入っても続いた。

朝乃山の優勝が決まり大喜びする呉羽地区の住民＝2019年5月25日午後5時55分ごろ、貴船巻公民館

日本橋とやま館は開館3周年記念フェアで朝乃山に関する展示コーナーを設けた＝5月29日、東京・日本橋室町

朝乃山の行きつけの店では、店員と客が一緒になって喜びを爆発させた＝5月25日、富山市呉羽町の飲食店「丸忠」

朝乃山が豪栄道を破り歓声を上げる富山商高相撲部員＝5月25日、富山県体育協会相撲場

優勝後、初めてふるさと富山に帰り、ファンから握手を求められる朝乃山＝5月31日、富山県民会館

故浦山英樹さんの遺影を膝に載せた妻のあいかさんや父親の松男さん（右から3人目）ら。朝乃山が豪栄道に勝ち大喜び＝5月25日、富山市大塚

“富山の人間山脈” 朝乃山を大解剖!!

相撲の強さだけでなく、「イケメン力士」としてもファンの注目が高い朝乃山関。そのキャラクターを探ろうと、いろいろなプライベートな質問をぶつけてみると、意外で面白い答えが返ってきました。

朝乃山イラスト　ナカニシ

部屋／高砂部屋
生涯戦績／ 154勝98敗（20場所） 令和元年五月場所時点
幕内戦績／ 90勝75敗（11場所） 〃
本名／石橋広暉（いしばし・ひろき）
生年月日／1994（平成6）年3月1日
家族／両親、兄、弟、祖父母
出身校／富山市呉羽小―呉羽中―富山商高―近畿大

角界の同級生は誰？
（1993年度生まれの）豊山、大栄翔、逸ノ城ら。逸ノ城は同級生に見えません。

一番高価なアイテムは？
350万円の腕時計です。

印象に残っている思い出は？
大学時代は、4年時の和歌山国体で富山県チームとして団体優勝したこと。プロ入り後は、幕下で優勝した2017年初場所ですね。

おふくろの味は？
卵焼き。帰省した時に作ってもらいます。

身長・体重は？
187cm、170kgです。身長は伸びたり縮んだりします。

大相撲界に入っていなかったら？
アルバイトも就職活動もしていなかったので…。相撲以外は考えられませんね。普通のサラリーマンになっている自分も見てみたいですけど（笑）

好きな食べ物は？
お寿司です。ぶり、甘えび、ウニが好きなネタです。あと、トマトも好きです。

握力は？
右70kg、左75kg。利き手の右手の方が弱い。

嫌いな食べ物は？
ありません。何でも食べられるので、大きな体になりました。

休日は何をしている？
寝ているか、ご飯を食べに行くか、お買い物に行くか。

50m走タイム
ベストは意外にも7.0秒。その代わり、長距離走はダメです。高校での体育の時間は毎回、ビリもビリでした。

好きな色は？
オレンジ色とか赤色とか明るい色。土俵上で使うタオルもオレンジ色です。

一日のスケジュールは？
朝7時に起床して、10時まで稽古に入ります。10時半ごろにちゃんこを食べて、そこからはフリー時間です（笑）。筋トレをしたり、出掛けたりします。18時半に夕飯があり、23時半に消灯になります。

好きな音楽は？
J－POP、洋楽、レゲエなど何でも聞きます。

相撲以外のスポーツは？
小学4年生からハンドボールを始めて、6年生では県選抜に選ばれました。中学校でもハンドボール部に入りましたが、ランニングが嫌で1週間で辞めました。相撲はそこからです。

特技は？
サッカーゲームのウイイレ（ウイニングイレブン）。対戦相手募集中です!!

趣味は？
音楽、映画。

好きな女性のタイプは？
ムチムチした女性。磯山さやかさんがタイプです。

よく見るテレビ番組は？
テレビは映画を見るくらいですかね。子どものころは戦隊ものや仮面ライダーなどを見ていました。今もたまにスマホで動画を見たりします。

チャームポイントは？
笑顔が良いと言われます。声援の50%が「カッコいい」で、もう50%は「かわいい」です。

足のサイズ
31.0㎝。履物はネットで購入するしかサイズがないです。

結婚は？
結婚願望はありません。彼女もいません。良い人がいればいいですが、今は相撲一筋で頑張ります。

苦手なものは？
高い所が苦手です。ジェットコースターは「体重制限で乗れない」と言ってきましたが、実は怖いんです。小学生の時に家族で行ったディズニーランドで乗ってから苦手です。体は大きいですが、狭い所は大好きです（笑）

初恋はいつ？相手は誰？
中学のころ。同級生の女の子ですね。

中学校・高校の時の思い出は？
中学校は「ちょっと青春!」。高校は「相撲漬けの日々」でした。

長所・短所は？
自分では分かりません（笑）。ファンの皆さん、教えてください!?

好きな場所は？
地元・呉羽にある「味処 丸忠」と「呉羽の湯」。

ティーズシーン 2018年5・6月号 再録、一部加筆

朝乃山ヒストリー
富山の星　輝く

両親に聞く
保育園時代から負けず嫌い

男3兄弟の次男として、富山で伸び伸びと育った朝乃山関。どのような少年時代を経て、「将来の三役候補」として期待される角界のホープとなったのか―。父・靖さんと母・佳美さんに聞いた。

生後11カ月　自宅で愛らしい表情を見せる＝1994年2月、富山市呉羽町

3歳　公園の遊具で笑顔を見せる（手前）。小さいころから体を動かすのが好きなわんぱく少年だった＝1997年8月

4歳　自宅でおもちゃ遊び。テレビゲームにも熱中していた＝1998年6月、富山市呉羽町

8歳　ドライブ先の公園で、父の靖さんとキャッチボール＝2002年6月、石川県津幡町

9歳　牛ケ首用水記念相撲大会の個人小学4年以下で2位に入る（右）。この年から相撲を始め、初めて入賞した＝2003年9月、富山市松木の牛ケ首神社境内相撲場

中学入学　富山市呉羽中学校の入学式当日、自宅前で記念写真に納まる＝2006年4月、富山市呉羽町

――朝乃山関は、小さい時から体が大きかったのですか。

母・佳美　体の大きさは感じなかったですが、ハイハイするのも、歩き出すのも他の子よりも早かったですね。まだ2、3歳のころだったと思いますが、保育園でみんなが集まって遊んでいる中で広暉が歩くと、まだよちよち歩きのお友達が、広暉の〝風圧〟を感じてか、バタバタと倒れてしまうようなこともありました。

父・靖　小さいころから体を動かすのが好きで、よく近くの公園でボール遊びをしました。3兄弟の中でも一番活発で、運動能力も高かった記憶があります。保育園の時の運動会で、親子騎馬戦があり、最後の2組まで残ったのに優勝できなかった時には、親の私以上に悔しがっていました。このころから負けず嫌いで、勝負ごとに対する強い意識があったのかもしれませんね。

――小学生のころは、いろんなスポーツをしていました。

父・靖　友人に誘われて、水泳やドッジボールを始め、クラブ活動でハンドボールもやっていました。初めて相撲の大会に出場したのは、小学4年生の時。体が大きい方だったのと、相撲が熱心な呉羽地区だったことから、学校の先生に勧められたのがきっかけでした。その後も、大会ごとに勧められ、

富山商2年　県高校秋季選手権個人総合で優勝（左から2人目）。恩師だった同校相撲部元監督の故浦山英樹さん（左）から取組後に指導を受ける＝2010年11月、富山市五福の県体協相撲場

呉羽中1年　稽古に励む富山市呉羽中1年時（中央）＝2006年10月、同校の相撲場

富山商3年　県相撲選手権の個人重量級で優勝（前列左）＝2011年10月、射水市のグリーンパークだいもん相撲場

富山商3年　選抜高校十和田大会の個人戦で準優勝（右）。左は優勝した現在の幕内・逸ノ城＝2011月8月、青森県の十和田市相撲場

近畿大3年　全日本大学選抜十和田大会で土俵に上がる（右）＝2014年8月、青森県の十和田市相撲場

近畿大3年　全日本大学選抜十和田大会で仕切りに入る＝2014年8月、青森県の十和田市相撲場

半ば仕方なく相撲をやっていました。呉羽地区では優勝できたこともありましたが、富山市や県の大会まで行くと、全く勝負にならないくらいに弱かったんですよ。

――中学校ではハンドボール部に入部しましたが、なんと1週間で退部し、相撲部に移籍しました。

母・佳美　ある日、中学校の担任から「今日は帰りが遅いと思います。相撲の見学に行っているので…」と電話がありました。そして家に帰ってきた広暉の手には、ハンドボール部の退部届と相撲部の入部届がありました。

呉羽中学校の相撲部は、富山市外からも越境入学し相撲に取り組んでいる生徒もいて、練習の厳しさは知っていました。なので「3年間は続けられないだろうな」と思ったのを覚えています。

父・靖　今、振り返ってみると、広暉のターニングポイントとなった出来事でした。そこから中学、高校、大学と相撲を続け、プロの世界へつながっていったのですから。あの時、相撲部への入部を反対していたら、今どうなっているか分かりません。

――3年間、相撲部で厳しい稽古に励み、相撲の強豪・富山商業高校に進学しました。進路はどのように決めたのですか。

父・靖　私としては、相撲は中学で終

近畿大4年　「2015紀の国わかやま国体」の相撲成年男子団体で優勝した富山県選抜メンバー。先鋒として出場し、優勝に貢献する（前列中央）＝2015年9月、和歌山県営相撲競技場

近畿大4年　全国学生個人体重別選手権の135キロ以上級を制する（後列右）。全国の舞台で初のタイトルを手にした＝2015年9月、東京の靖国神社相撲場

近畿大4年　大相撲高砂部屋入することが決まり、高砂親方（右）と母校を訪れ「一番でも多く勝ちたい」と語る＝2016年1月、富山商業高校

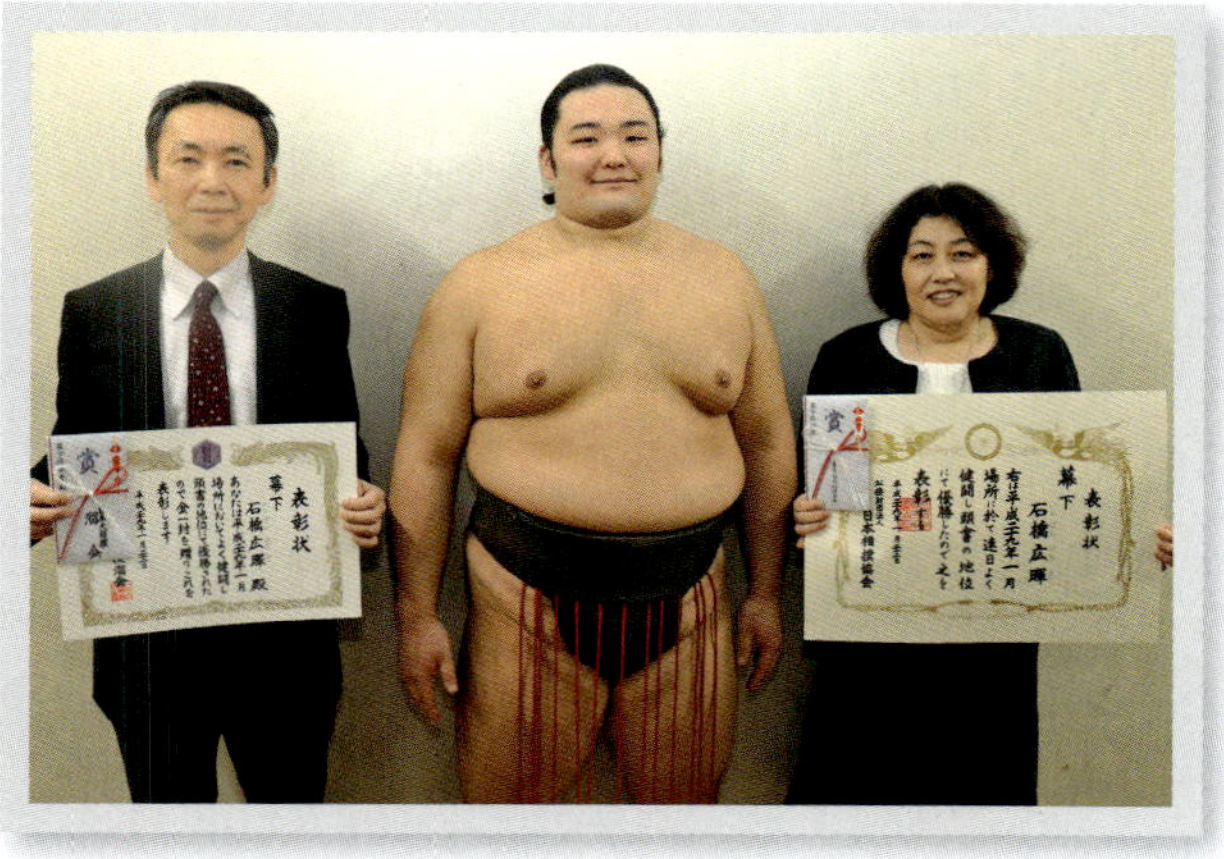

幕下優勝を両親と喜ぶ朝乃山（当時＝石橋）＝2017年1月22日

初土俵の春場所に向け、兄弟子（奥）と取組時の所作を確認する＝2016年3月、大阪の高砂部屋宿舎

わりにするのだろうと思っていました。多分、広暉もそのつもりだったと思います。それが、中学で最後の大会となる全国都道府県中学生相撲選手権に怪我で出られなくなり、不完全燃焼の状態になりました。そんな時に、富山商業高校相撲部の監督、浦山英樹先生（故人）に声を掛けてもらいました。ほとんど親への相談なしに「富商へ行く」と本人が決めました。

母・佳美　高校相撲部の稽古は、中学時代よりも一層厳しくなることは分かっていました。そのことを覚悟で、自ら挑戦したいと決めたのですから、私も応援しようと思いました。振り返れば、ハンドボールを1週間で辞めた子が、相撲を3年間続けたのですから「相撲が本当に好きなんだな」と思いました。

――高校時代に力を付けた朝乃山関は、強豪・近畿大へ進みました。4年生で国体成年の部4位、全日本相撲選手権ベスト4の実績を残し、高砂部屋へ入門。大学時代の活躍をどのように見ていましたか。

父・靖　大学トップクラスの相撲部でレギュラーをつかみ、全国大会でも上位の成績を残していたので、ぜひ、プロの世界で活躍してほしいと考えていました。やるからには頂点を目指してほしいと――。

母・佳美　学年を重ねるごとに強く

関取として初めて横綱審議委員会の稽古総見に参加し、汗を流した朝乃山（中央）＝2017年5月3日、東京の両国国技館

十両昇進が決まり新しいしこ名を書いた色紙を持つ朝乃山＝2017年1月25日、東京都墨田区の高砂部屋

大杯を前に両親と幕内初優勝を喜ぶ朝乃山
＝2019年5月26日

朝稽古で他の力士たちと汗を流す朝乃山＝東京の高砂部屋

なっていき、スカウトの方々からも「まだまだ伸びしろがあるから、プロでもやれる」と評価をいただけるようになりました。大学4年生になって、同級生が就職活動を本格的に進めている中でも、広暉は相撲の大会に出場していました。本人の頭の中にはプロという意識があったのでしょう。最終的にはスポーツ紙の記事で、本人が「プロ志望」であることを知りました。自身で決めたことですので、応援してやろうと思いました。

――年6回の本場所には、富山から車で会場に足を運び、観戦を楽しんでおられますね。

父・靖　はい。東京場所なら初日、中日、千秋楽と3週連続で両国国技館へ行きます。大阪、名古屋、福岡での本場所は、回数が減りますが、必ず会場へ行きます。会場へ行けない日の取組はテレビで観戦し、取組後には欠かさず、「LINE（ライン）」でメッセージを送ります。広暉からの返事は簡単な短文で、勝った日は「また次も頑張ります」、負けた日は「明日は気持ちを切り替えて頑張ります」といった程度。メッセージを送る私のほうが、ネタが尽きてきて「いつかは止めるから」と言いながら、ずっと続けています。

2018年6月のインタビューをもとに再構成しています。

関取の横顔

実はお茶目でサービス精神旺盛
「横綱」で有名になる日が楽しみ

「おふくろの味は玉子焼き」
「50ｍ走は意外に7秒だけど、長距離走は嫌い」
「初恋は中学時代で相手は同級生の女の子」
「高い所が苦手でジェットコースターに乗れない」
「戦隊ものが好きで今もスマホで動画を見る」
イケメン力士としても人気が高い朝乃山のキャラクターを探ろうと、プライベートな質問をぶつけた時に返ってきた答えだ。一つ一つの言葉からは、人情味あふれるチャーミングな人間性を垣間見ることができる。

石川雅浩（編集局報道センター）

北日本新聞社発行のスポーツ雑誌「T.SCENE（ティーズシーン）」の特集取材で、2年間12場所にわたり顔を合わせた。初めて取材したのは、新十両場所となった2017年3月の春場所。富山県出身力士として20年ぶりの関取となり、10勝を挙げた場所だった。

千秋楽翌日、約束の時間に高砂部屋の大阪宿舎を訪ねると、関取の姿がない。弟子に聞くと、「友人と出掛けたままで、まだ戻っていません」という。〝後の幕内優勝力士〟は、ちゃっかりと遅刻してきたのだった。約1時間待ち、関取は友人の車で現れた。「〝ちょっと〟遅れちゃいました。本当にすみません」。ばつが悪そうに頭を下げながら宿舎の自室へ招いてくれる後ろ姿を見て、待ちぼうけを食らった不満はすぐに消えた。

「2桁で勝ち越せたのが一番うれしい。上出来じゃないですか?」。初土俵から1年で関取になるという目標を有言実行し、充実した表情を見せた。以降、毎場所決まって千秋楽翌日に取材に応じてくれた。1対1で対面し、まさに〝がっぷり四つ〟で話を聞かせてもらった。

取材では毎回、最初に本場所の総括を尋ねた。緊張感から解放され、リラックスムードの関取からは場所中には口にしなかった素直な気持ちを聞くことができた。

新入幕で優勝争いに絡む10勝を挙げ、敢闘賞を初受賞した同年9月の秋場所は「勝ち越しが目標だったので、正直、目立ちすぎ。やらかしてしまった」と照れくさそうに話していた。けがの影響で7勝にとどまった18年5月の夏場所は「言い訳になるので言いたくなかったですけど、本当は足が痛かったんです。次は雪辱を果たします」と前を見据え、その言葉通りに11勝で2度目の敢闘賞を手にした同年7月の名古屋場所では「夏場所の情けない結果で、周りから腹が立つほどにグチグチ言われた。見返してやりましたわ」としてやったりの表情を浮かべていた。

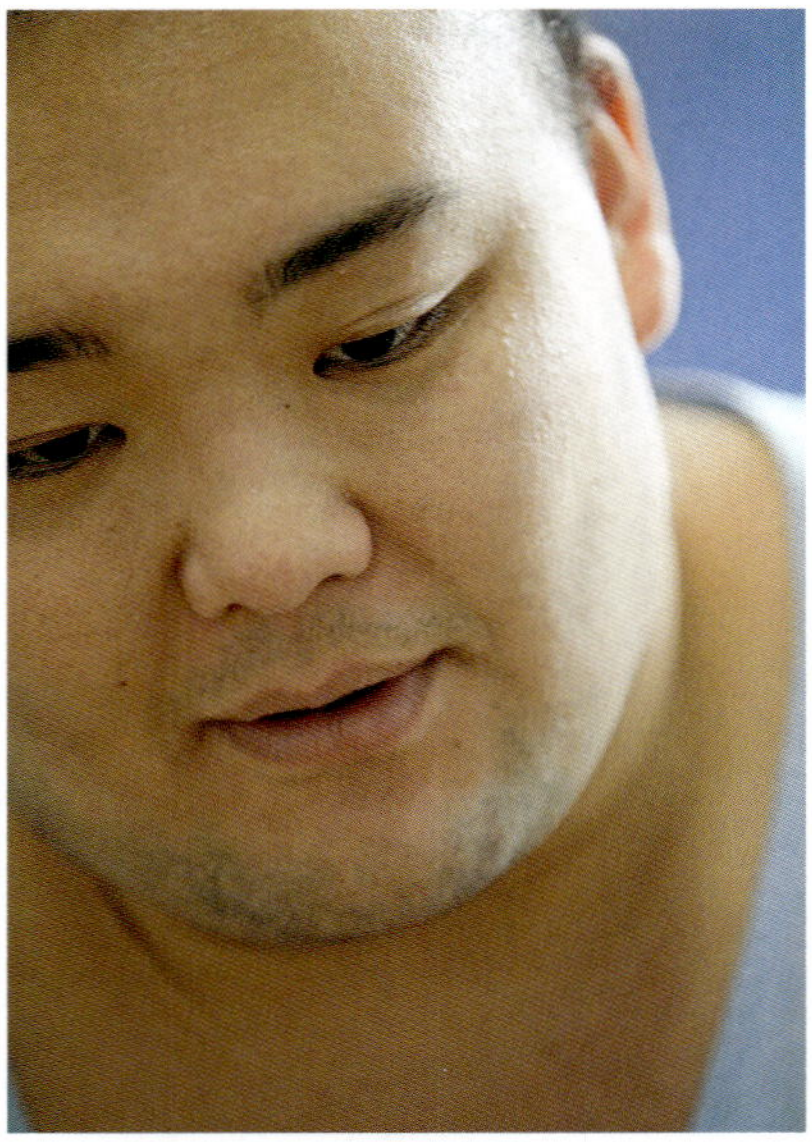
2018年夏場所の成績を振り返る朝乃山

十両時代にはよく「目立つのは好きじゃない」と言っていた。富山県民らしくおとなしいイメージが浸透しているが、控えめで口数が少ないわけではない。「人生は一回なので、富山で有名になりたかった」と角界入りの理由を

トークショーの様子

話していたように、むしろ、ファンに対するサービス精神があり、トークにはお茶目なジョークを交える。

関取が富山県での盛り上がりと自身への人気の高さを実感したのは、十両時代の17年6月に富山市内のショッピングセンターで初出演したトークショー。「ステージ前のスペースが埋まるくらいですかね」と客入りを見込んでいたところ、階段や2階フロアまで1000人超のファンで埋め尽くされた。その様子に〝舌口調〟となり、自身の活躍ぶりや大相撲界の裏側、プライベート話までユーモアあふれるトークで笑いを誘い、長蛇の列ができた握手会も笑顔で応じた。

「お客さんの多さに驚きました。この応援に応えられるように頑張らないといけないですね」。この頃から富山への郷土愛を一層強くし、帰省のたびにイベントやテレビ番組に積極的に出演するようになった。今回の幕内優勝後に「応援してくれた富山の人に、一つ恩返しができた」と話した言葉には、心からの感謝が込められている。

18年9月に都内で開かれた相撲ジャーナリスト・横野レイコさんとのトークショー。関取は、今年7月の名古屋場所には三役に上がり、来年には大関を目指す決意を語った。後日、「横野さんからそんな話を振られたので、『はい』って言っただけです」と、あくまでもリップサービスだったことを強調していた。しかし、幕内優勝を果たしたことで、次の名古屋場所での三役昇進は濃厚になった。またしても有言実行だ。これからは来年の大関昇進を見据えた厳しい戦いに挑んでいく。

「四つ相撲代表として土俵を務め、看板力士を目指していきたい」。優勝後にこう意気込みを語った関取に、かつての「目立ちたくない」と言う控えめな様子はない。選ばれし強き者だけに与えられる「横綱」の称号を手にし、富山県内だけでなく、日本中で、有名な存在になる日が来ることを楽しみにしたい。

新十両昇進が決まったころの朝乃山。
スピード出世のため大銀杏が結えるほど髪が伸びていなかった

表紙写真
(表) 平幕初優勝の祝勝会で笑顔を見せる朝乃山
(裏) 2019年夏場所千秋楽、付き人とともに国技館に向かう朝乃山

大相撲 朝乃山英樹
令和初の天皇賜杯 大器花咲く。

2019年6月12日 初版発行

編著 北日本新聞社
発行 北日本新聞社
〒930-0094
富山市安住町2番14号
電話 076(445)3352
FAX 076(445)3591
振替口座 00780-6-450

定価 本体1389円+税

取材・編集 北日本新聞社編集局
ティーズシーン編集室
協力 日本相撲協会
高砂部屋
共同通信社
写真協力 共同通信イメージズ
アフロ
鳥飼祥恵
編集協力 北日本新聞開発センター
印刷所 とうざわ印刷工芸
表紙装丁 堀川 勇(アイアンオー)

本書は北日本新聞とティーズシーンに掲載された記事、写真をもとに再構成したものです。記事中の日時や時期、人物の肩書、事実などは、原則として各取組や新聞掲載当時のものです。